Como DEUS Irá Restaurar Seu Casamento

Há Cura Após Votos Quebrados!

Um Livro para HOMENS

Erin Thiele

traduzido para Português

NarrowRoad Publishing House

Como DEUS Irá Restaurar Seu Casamento
Há Cura Após Votos Quebrados!

Por Erin Thiele

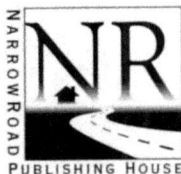

Publicado por:
NarrowRoad Publishing House
POB 830
Ozark, MO 65721 U.S.A.

Os materiais de Restore Ministries International foram escritos com o único propósito de encorajar homens. Para mais informações sobre nossos livros, por favor, nos visite em:

EncouragingMEN.org
AjudaMatrimonial.com

Todos os versículos Bíblicos são utilizados a partir de "Bíblia Online em Português" - Version 1.11, Jan. 18, 2002. Copyright © 1987-2002, Timnathserah Inc. Winterbourne, Ontario, Canadá. NOB 2V0. http://www.sbb.org.br/bol. Nosso ministério não é parcial para qualquer versão particular da Bíblia, mas **ama** todas elas com a finalidade de ajudar a todos em todas as denominações que tem o desejo de restaurar seus casamentos.

Capa Desenhada por Dallas Thiele Primeira Impressão: 2015

ISBN: 1-931800-26-X
ISBN-13: 978-1-931800-26-6
Library of Congress Control Number: 2015909374

Conteúdo

Capítulo 1

Paz da Parte de Deus

"...A todos os que são amados de Deus...
graça e paz da parte de Deus
nosso Pai e do Senhor Jesus Cristo".
Romanos 1:7

Amado Irmão em Cristo,

Não é por acaso que você está segurando este livro em suas mãos; é pela Providência Divina. Deus ouviu seu clamor por socorro, como Ele ouviu o meu, e veio para resgatá-lo. As páginas a seguir irão guiá-lo quando outros disserem que sua situação é completamente impossível.

O que Ele está pedindo para você não será fácil, mas se você quer um milagre em sua vida, isto pode acontecer. Se você quer um testemunho para compartilhar com outros a respeito da fidelidade de Deus, isto vai acontecer. Se você realmente deseja que Deus restaure um casamento que está desesperançado, então continue lendo. Deus pode e vai restaurar seu casamento, como Ele fez com o meu.

A Bíblia diz que "quanto ao Senhor, seus olhos passam por toda a terra, para mostrar-se forte para com aqueles cujo coração é perfeito para com Ele" (2 Crônicas 16:9). Ele tem olhado para você para ajudá-la. Você está pronto?

Você precisará de uma obediência fervorosa. Você deverá entrar "pela porta estreita; porque larga é a porta e espaçoso o caminho que conduz à perdição, e muitos são os que entram por ela; e porque estreita é a porta e apertado o caminho que leva à vida, e poucos há que a encontrem" (Mateus 7:13-14). É sua a escolha de seguir Seu caminho estreito agora ou de voltar atrás.

Este é o momento de escolher. "Os céus e a terra tomo hoje por testemunhas contra vós, de que te tenho proposto a vida e a morte, a bênção e a maldição; escolhe pois a vida, para que vivas, tu e a tua descendência, amando ao Senhor teu Deus, dando ouvidos à Sua voz, e achegando-te a Ele; pois Ele é a tua vida, e o prolongamento dos teus dias..." (Deuteronômio 30:19-20).

Se você continua lendo e ainda não jogou longe este livro, então escolheu continuar. Nós nos alegramos com você enquanto pensamos na gloriosa ressurreição de seu casamento e de sua família que espera por você. Nós oramos por bênçãos sobre você. Espero que algum dia nos encontremos, seja neste ou no outro lado do "Paraíso", onde não haverá mais lágrimas e nem dores.

Querido irmão em Cristo Jesus, Deus pode e vai restaurar seu casamento: você tem Sua Palavra nisto. "Jesus, porém, respondendo, disse-lhes: Em verdade vos digo que, se tiverdes fé e não duvidardes, não só fareis o que foi feito (...), mas até se a este monte disserdes: Ergue-te, e precipita-te no mar, assim será feito..." (Mateus 21:21).

Já que você está lendo este livro, presumo que esteja numa crise em sua vida e em seu casamento. Sua esposa o deixou? Você a deixou ou pediu a ela que partisse? Talvez você tenha obtido este livro antes de um de vocês terem dado este passo drástico de partir. Contudo mesmo se você ou sua esposa já tenham falado sobre divórcio durante uma briga, ou já tenha sido dada entrada no divórcio, ou vocês já sejam divorciados, você tem que acreditar que "todas as coisas (**podem** contribuir) juntamente para o bem daqueles que *amam* a **Deus**, daqueles que são chamados segundo o *Seu* **propósito**" (Romanos 8:28).

Enquanto você está passando por provações pessoais em seu casamento problemático, se deseja que as coisas cooperem para o bem, você deve amar a Deus em primeiro lugar e realmente querer o *Seu* propósito para a sua vida.

Neste momento, o Seu propósito é que você seja atraído para mais perto Dele, para permitir que Ele o transforme mais semelhantemente a Sua imagem. E tenha coragem, pois Deus disse: "Não te deixarei, nem te desampararei" (Hebreus 13:5). Deus não deixou de estar ao seu lado: "Ainda que eu andasse pelo vale da sombra da morte, não temeria mal algum, porque *Tu estás comigo*" (Salmos 23:4).

Tenho certeza que o "vale da sombra da morte" descreve bem como você se sente a respeito de sua situação, mas Deus *permitiu* isto para o **seu bem**.

Somente depois, você brilhará visivelmente como o ouro. "Em que vós grandemente vos alegrais, ainda que agora importa, sendo necessário, que estejais por um pouco contristados com várias tentações (provações), para que a prova da vossa fé, muito mais preciosa do que o ouro que perece e é provado pelo fogo, se ache em louvor, e honra, e glória" (1 Pedro 1:6-7).

A coisa mais importante a fazer agora é: "Aquietai-vos e sabei que Eu sou Deus" (Salmos 46:10). E então, siga o caminho de Deus. Garanta que tudo que você faz ou diz seja conforme as Escrituras; assegure-se de que você siga o que a Bíblia diz consistentemente.

Deus não tem nenhuma intenção de que seu casamento acabe. Lembre-se que o próprio Jesus disse: "Deixará o homem pai e mãe e se unirá a sua mulher, e serão dois numa só carne. Assim não são mais dois, mas uma só carne. Portanto, o que Deus ajuntou não o separe o homem" (Mateus 19:5-6). E também: "Porque o Senhor, o Deus de Israel, diz que odeia o repúdio (divórcio), (...) portanto guardai-vos em vosso espírito e não sejais desleais" (Malaquias 2:16).

Satanás é quem quer que seu casamento seja destruído, não o Senhor. Lembre-se que "o ladrão (Satanás) não vem senão a roubar, a matar, e a destruir. Eu (Jesus) vim para que tenham vida e a tenham com abundância" (João 10:10). Não acredite nas mentiras de Satanás: leve "cativo **todo** o entendimento à obediência a Cristo" (2 Coríntios 10:5).

Não permita que ele roube sua esposa. Não permita que ele destrua sua família, sua vida, seus filhos e roube seu futuro. Acredite em mim e em outros que podem dizer-lhe por experiência própria que o divórcio destruirá seus filhos e roubará o futuro deles, assim como o seu.

Ao invés disto, siga o caminho de Deus para encontrar a verdadeira paz no meio de sua crise: "Porque os montes se retirarão e os outeiros serão abalados; porém a minha benignidade não se apartará de ti e a aliança da minha paz não mudará, diz o SENHOR que se compadece de ti" (Isaías 54:10).

Medite profundamente na Bíblia, deixando o Senhor purificá-lo "com a lavagem da água, pela Palavra" (Efésios 5:26). Ore e acredite no que as Escrituras dizem, não no que você vê: "Ora, a fé é o firme fundamento das coisas que se esperam, e a prova das coisas que **se não vêem**" (Hebreus 11:1). "Sem fé é impossível agradar (a Deus)..." (Hebreus 11:6).

Ninguém, a não ser Deus, sabe exatamente o que você está passando ou as respostas que você necessita agora. Através da oração (você simplesmente falando com Deus) e ouvindo a Ele (você lendo sua Palavra: a Bíblia), Ele pode conduzi-lo à vitória que Ele tem para você. Não escolha seguir o que outros possam dizer, os do mundo, amigos na igreja ou qualquer conselheiro que lhe fale sobre algo que ouviu ou leu. Se você está orando e lendo a Palavra de Deus, Deus vai falar com você primeiro, no seu coração ou durante sua leitura da Palavra, e então alguém irá **confirmar** a direção na qual **Ele** está orientando você.

A maioria das pessoas, Cristãs ou não, dizem coisas que soam bem e parecem boas à carne. Mas se o que disserem não seguir as Escrituras, **está errado!** Você estará em areia movediça. "Bem-aventurado o homem que não anda segundo o conselho dos ímpios" (Salmos 1:1). Quando é de Deus, normalmente parece loucura (como acreditar em seu casamento quando outros dizem "caia fora!") e isto sempre necessita da ajuda do Espírito Santo para efetuar.

Não aja impulsivamente ou apressadamente. Deus normalmente diz "Espere!". Muitas vezes, durante a espera, Ele muda a situação. Deus disse que Ele é o "Maravilhoso, Conselheiro, Deus Forte" (Isaías 9:6). Você não quer o melhor? Você não gostaria de ter um conselheiro que conheça o futuro? Alguém que possa realmente mudar o coração da sua esposa? Há somente Um que pode mostrar-lhe a direção certa. Confie Nele e Nele somente! Atualmente há MAIS casamentos destruídos na igreja do que há no mundo, então, não siga outro Cristão, conselheiro Cristão, ou pastor que dê o conselho do mundo ao invés do de Deus.

Infelizmente, muitos casamentos são destruídos por conselheiros matrimoniais Cristãos. Eles fazem você e sua esposa falarem do passado e dizerem coisas que nunca deveriam ser ditas. Frases cruéis que são mentiras do inimigo ou sentimentos da carne. Então, após o conselheiro ouvir você dizer o que ele o induziu a dizer, dirá que não há solução para sua situação.

Se alguém (incluindo sua esposa) disse a você que não há esperança para sua situação, então comece a louvar ao Senhor. Situações sem solução e sem esperança são exatamente o que o Senhor escolhe para mostrar Seu poder! "Aos homens é isso impossível, mas **a Deus TUDO é possível!**" (Mateus 19:26).

Trabalhe com Deus. E não acredite que, sem a ajuda ou a cooperação de sua esposa, seu casamento não pode ser salvo ou aperfeiçoado. Nosso ministério foi fundado para aqueles que são o único parceiro buscando a restauração de seus casamentos! Tudo que é necessário é o seu coração e a força de Deus. "Quanto ao Senhor, Seus olhos passam por toda a terra, para mostrar-se forte para com aqueles cujo coração é perfeito para com Ele." (2 Crônicas 16:9).

Tenha o privilégio de ser "aconselhado" pelo Melhor Conselheiro. Duas situações não são exatamente iguais, todavia, a Palavra de Deus se aplica a todas as situações. "Bendito seja o Deus e Pai de nosso Senhor Jesus Cristo, o Pai das misericórdias e o Deus de toda a consolação; que nos consola em toda a nossa tribulação, para que também possamos consolar os que estiverem em alguma tribulação, com a consolação com que nós mesmos somos consolados por Deus" (2 Coríntios 1:3-4).

Busque Sua Palavra, depois de ter orado. "Pedi e dar-se-vos-á; buscai e encontrareis..." (Mateus 7:7). "E, se algum de vós tem falta de sabedoria, peça-a a Deus, que a todos dá liberalmente e o não lança em rosto, e ser-lhe-á dada. Peça-a, porém, com fé, em nada duvidando; porque o que duvida é semelhante à onda do mar, que é levada pelo vento, lançada de uma para outra parte. Não pense tal homem que receberá do Senhor alguma coisa. O homem de coração dobre é inconstante em todos os seus caminhos" (Tiago 1:5-8).

Você tem que ter fé! E onde você obtém fé? Dele! Peça a Ele por fé, uma vez que "toda a boa dádiva e todo o dom perfeito vem do alto" (Tiago 1:17).

A Palavra de Deus, Seus Princípios

Amado, quer você conheça a Bíblia bem ou nem sequer a tenha lido antes, a Bíblia SOMENTE deve ser seu guia para restaurar seu casamento. O Livro que você está lendo consiste de todos os versículos que o Senhor usou para guiar outras pessoas, que agora tem o casamento restaurado, através do fogo da provação para restauração.

O Senhor começará a mostrar-lhe, através das Escrituras nesse livro, como você pode ter violado muitos dos princípios do casamento e Ele também mostrará outros pecados que você não teve consciência ou que nunca tenha lidado antes (através do arrependimento). Todos estes pecados e violações levaram à destruição do seu casamento.

Isto é igual para TODOS que encontram seus casamentos em pedaços ou completamente destruídos. Em breve você descobrirá, se não estiver ciente disto ainda, que NÃO foi só sua esposa que violou os princípios de Deus ao deixá-lo, ou sendo infiel, ou tendo pedido o divórcio. Descobrirá, como outras pessoas que agora tem seus casamentos restaurados, que você fez muito para contribuir para a destruição de seu casamento. Este entendimento será o ponto da virada, no momento em que você aceitar e olhar para seus pecados e não para os de sua esposa.

A sabedoria que você aprenderá ao ler e reler os versículos da Bíblia que o Senhor tem para você nesse livro, o ajudará a entender o que a Bíblia realmente é e o que você precisa que ela seja em sua vida – seu guia.

A Bíblia é repleta das leis espirituais da criação do Senhor. Quando Deus criou o mundo, Ele não apenas o fez com leis físicas, como a lei da gravidade, Ele o criou com leis espirituais também. Assim como violar as leis físicas da gravidade resultará em consequências, como a nossa queda ou a queda de um objeto, violar os princípios Bíblicos a respeito do casamento resulta na queda de seu casamento.

Outra descoberta incrível foi que os métodos do mundo são SEMPRE opostos aos métodos de Deus e de Sua Palavra. A maneira como você tem lidado com o abandono de sua esposa, seu adultério, ou com os papéis de divórcio que ela entregou a você; mais do que parecida, é a mesma maneira com que qualquer pessoa no mundo teria lidado. O que você descobrirá, é que isto é exatamente o OPOSTO da maneira pela qual Deus pretendia que nossas provações fossem tratadas, com o propósito de alcançarmos a vitória. "...Esta é a vitória que vence o mundo – nossa fé" (1 João 5:4).

Quando você escolhe seguir o método de Deus, que é o oposto do que todo mundo está fazendo ou dizendo para você fazer, então você começará a ver seu casamento sendo transformado. Os métodos do mundo SEMPRE resultam em destruição, mas os métodos de Deus SEMPRE produzem cura e restauração. "Porque o que semeia na sua carne, da carne ceifará a corrupção; mas o que semeia no Espírito, do Espírito ceifará a vida eterna" (Gálatas 6:8).

Nós preparamos uma referência rápida neste capítulo para ajudá-lo IMEDIATAMENTE a tirar seu casamento da crise. Estes princípios, se forem seguidos diligentemente, com um coração sincero e humilde, resultarão na imediata ou futura restauração de seu casamento. Isto é GARANTIDO, não por mim, mas por Deus em Sua Palavra.

O quanto mais um homem seguir estes princípios, mais restauração verá como resultado direto de sua obediência. Aqueles que permanecem em crise ou que nunca veem seus casamentos serem restaurados, são aqueles que se recusam a acreditar e obedecer as leis espirituais de Deus ou que, erradamente, acreditam que estão acima das leis de Deus.

Se você é um dos que acredita fortemente que não está "debaixo da lei" e está, portanto, livre para violar as leis de Deus, "de modo nenhum"!

"Pois que? Pecaremos porque não estamos debaixo da lei, mas debaixo da graça? **De modo nenhum!**" (Romanos 6:15).

"Anulamos, pois, a lei pela fé? **De maneira nenhuma**, antes estabelecemos a lei" (Romanos 3:31).

"**De modo nenhum.** Nós, que estamos mortos para o pecado, como viveremos ainda nele?" (Romanos 6:2).

Aqueles que entenderam a lei da gravidade aprenderam a elevar-se acima dela, o que resultou no homem ser capaz de voar. O Cristão que estuda a Palavra de Deus será elevado acima do mundo e deixará perplexo o descrente, que então buscará a Deus. Não obstante, a pessoa que acreditar que está acima da lei da gravidade e violá-la, pulando sem paraquedas de um avião, despencará para a morte. É por isto que tantos Cristãos vivem vidas cheias de destruição.

Creia e Obedeça

Se você é como muitos homens que desejam restaurar seus casamentos, você deve não apenas acreditar que Deus pode restaurar seu casamento, mas deve também obedecer a Sua Palavra. Você está desesperado – desesperado para seguir a Palavra de Deus não importando quanto custe? Não importando o quanto doa? A pergunta que você deve fazer a si é: 'Quão importante é salvar meu casamento, a minha família, o meu futuro?'

Receber nada. Se você não obedece a Deus com uma obediência zelosa, não deve esperar receber nada do Senhor, porque é inconstante. "Não pense tal homem que **receberá do Senhor alguma coisa.** O homem de coração dobre é inconstante em todos os seus caminhos" (Tiago 1:7-8). "Odeio os pensamentos vãos, mas amo a tua lei" (Salmos 119:113).

Fé através de minhas obras. Se você diz que tem fé para confiar em Deus a respeito de seu casamento, então 'aja' como se fosse assim. "Meus irmãos, que *aproveita* se alguém disser que tem fé e não tiver as obras? Porventura a fé pode salvá-lo? (...) Mas dirá alguém: Tu tens a fé e eu tenho as obras; mostra-me a tua fé sem as tuas obras e eu te mostrarei a minha fé **pelas minhas obras**" (Tiago 2:14, 18). Há muitos testemunhos de pessoas que escolheram 'acreditar', ao invés de obedecer. Cada uma delas continua 'acreditando' em seus casamentos, mas NENHUM está restaurado!

Arranca-o e atira-o para longe de ti. Novamente, quão importante é seu desejo de ter um casamento restaurado? Você está desesperado o suficiente para fazer "o que for preciso" para salvá-lo? Se você não crê que Deus nos chamou para ter este tipo de obediência, olhe o que Jesus disse em Mateus 5:29-30: "Portanto, se o teu olho direito te escandalizar, **arranca-o e atira-o para longe de ti,** pois te é melhor que se perca um dos teus membros do que seja todo o teu corpo lançado no inferno. E, se a tua mão direita te escandalizar, corta-a e atira-a para longe de ti, porque te é melhor que um dos teus membros se perca do que seja todo o teu corpo lançado no inferno."

Através de todo o capítulo 5 do livro de Mateus, Jesus nos chama a uma obediência maior do que o que estava escrito no Velho Testamento. Leia-o para motivá-lo a obedecer a ponto de parecer fanático. Se o que você faz atualmente não parece loucura para os outros, você deve se tornar mais radical em seu comprometimento com seu casamento, porque isto é o que é preciso!

Todas nós devemos ser como Pedro em nossa obediência. Toda vez que lhe era solicitado que fizesse algo, como permitir a Jesus lavar os seus pés, ele foi mais além! Ele até lançou-se ao mar quando Jesus pediu-lhe que descesse do barco. Ele foi o único que seguiu a Jesus com tal comprometimento zeloso. Mesmo assim, Jesus reprovou Pedro por sua pequena fé. Você é morno? "Assim, **porque és morno**, e não és frio nem quente, vomitar-te-ei da minha boca" (Apocalipse 3:16).

Confie e creia que Deus pode e vai restaurar e reconstruir você, seu casamento e sua família. Deus não tem nenhuma outra pessoa aí fora para você, nem pensa que você escolheu a pessoa errada. "É preciso que o presbítero seja irrepreensível, **marido de UMA só mulher**, e tenha filhos crentes que não sejam acusados de libertinagem ou de insubmissão." (Tito 1:6).

Se você está pensando sobre casar novamente, você precisa saber disso: este segundo casamento tem **menos de** 20% de chances de sobrevivência. Você terá uma chance de 8 para 10 de passar por outro doloroso divórcio! Então isto continua no número três e quatro. Pare agora seja qual for o número em que você esteja. Há uma saída melhor!

Ao invés, "Anima-te e Ele fortalecerá o teu coração; espera, pois, no Senhor" (Salmos 27:14, Salmos 31-24 e Isaías 35-4). "Dá-nos auxílio na angústia, porque vão é o socorro do homem. Em Deus faremos proezas; porque Ele é que pisará os nossos inimigos" (Salmos 60:11-12, Salmos 108-12). (Por favor, leia o Capítulo 11 - "Apegue-se à Sua Esposa", para maiores esclarecimentos).

Não fale com outros sobre sua situação. Fale com Deus; busque em Sua Palavra a resposta. "Pedi e dar-se-vos-á" (Mateus 7:7 e Lucas 11:9). Ele é o "Maravilhoso, Conselheiro" (Isaías 9:6). "Não ande segundo o conselho dos ímpios" (Salmos 1:1). Não fale aos outros acerca de sua situação: "Que os difamadores não se estabeleçam na terra" (Salmos 140:11).

E também: "Por tuas palavras serás justificado e por tuas palavras serás condenado" (Mateus 12:37). "O intrigante separa os maiores amigos" (Provérbios 16:28 e 17:9). (Veja o Capítulo 4 - "Golpes de uma Espada", para maiores esclarecimentos sobre a destruição que nossas línguas podem causar. Esses esclarecimentos não são opcionais, são obrigatórios: "O Meu povo foi destruído, porque lhe faltou o conhecimento." Oséias 4:6.)

Peça a Deus por um **parceiro de oração** que creia em Deus com você pelo seu casamento. Nós queremos encorajá-lo a se juntar ao nosso Ministério on line, se você tiver acesso à internet.

Fique longe dos grupos de solteiros!!! Você NÃO pertence a estes lugares se tem o desejo de restaurar seu casamento. Fique longe de 'grupos de suporte' que não passam de 'festas de piedade'. Se você deseja que seu casamento seja restaurado, não freqüente grupos de reparação do divórcio que irão encorajá-lo "a seguir adiante". Você deve escolher agora se deseja ter esperança ou o término de seu casamento.

Ao invés de juntar-se a um grupo, recomendamos fortemente que você ore e peça ao Senhor por apenas UM outro homem que vá ajudá-lo. Tudo que você precisa é uma outra pessoa e o Senhor!

Pare TODA discussão com sua esposa! Este único princípio será o fator decisivo a respeito da restauração de seu casamento. Há muitos versículos bíblicos sobre este tópico, páginas e mais páginas que eu poderia digitar para você. Aqui estão apenas alguns: **"Concilia-te** *depressa* com o teu adversário" (Mateus 5:25). "A resposta branda desvia o furor, mas a palavra dura suscita a ira" (Provérbios 15:1). "Como o soltar das águas é o início da contenda, assim, antes que sejas envolvido afasta-te da questão" (Provérbios 17:14). "Até o tolo, quando se cala, é reputado por sábio" (Provérbios 17:28).

"Honroso é para o homem desviar-se de questões, mas todo **tolo** é intrometido" (Provérbios 20:3). E mais: "Busca satisfazer seu próprio desejo aquele que se isola; ele se insurge contra toda sabedoria" (Provérbios 18:1). Você tem sido um homem zangado? (Veja o Capítulo 6 - "Homem Zangado" e o Capítulo 15 - "Ele nos Deus as Chaves", para maiores esclarecimentos.)

Remova o ódio ou a dor, e então, tente olhar amavelmente nos olhos de sua esposa. "Olharam para Ele e foram iluminados; e os seus rostos não ficaram confundidos" (Salmos 34:5). "E o que a si mesmo se exaltar será humilhado; e o que a si mesmo se humilhar será exaltado" (Mateus 23:12, Lucas 14:11 e Lucas 18:14). Pedro perguntou quantas vezes deveria perdoar seu irmão que pecou contra ele, "até sete" vezes? Mas Jesus respondeu, "Não te digo que até sete; mas, até setenta vezes sete." Isso dá 490 vezes! (Mateus 18:21-22). Você decidiu *não* **perdoar** sua esposa (ou o homem com quem ela pode estar envolvida) pelo ela (ou ele) que fez a você ou aos seus filhos? A falta de perdão é muito perigosa para você e para o futuro de seu casamento. (Para maiores esclarecimentos, leia a seção "Perdão" do Capítulo 9 "Bem-Aventurados são os Mansos").

Você deve começar a ver sua esposa como Deus a vê. Ore por sua esposa. Você deve primeiro perdoá-la e qualquer pessoa que seja relacionada a ela (amigos, família, companheiros de trabalho e até outro homem). (Novamente, veja a seção "Perdão" do Capítulo 9 "Bem-Aventurados são os Mansos" sobre os perigos de **não** perdoar). Então você estará pronta para orar pela mulher que Deus quer que sua esposa seja. Pare de olhar para as coisas ruins que ela está fazendo. Substitua isto, pedindo a Deus que lhe mostre como VOCÊ tem falhado, já que você é ou deveria ter sido o cabeça de seu lar, o líder espiritual, e então, o completo responsável por onde sua esposa está e pelo que ela fez.

Se sua esposa deixou você, não ligue para ele! **Mas** se *você* deixou sua esposa ou mandou ela sair de casa, *você* **deve ligar para ela** e pedir seu perdão. Este ponto é crítico! Quanto mais você esperar, maior será a possibilidade de adultério, se isto já não aconteceu. (Por favor, leia os testemunhos em nosso website, que provêm evidências sobre como estes princípios básicos funcionaram na vida das pessoas que os seguiram).

Uma vez que você tenha se arrependido para a sua esposa, NÃO fique continuamente se arrependendo e assumindo TODA a culpa pela situação. Isto pode ser contraproducente. E também, sua esposa aceitar ou não suas desculpas não é a questão. Você está fazendo isto por humildade e obediência a Deus, nada mais.

Fale cordial e amorosamente com sua esposa quando você tiver a oportunidade de falar com ela. "As palavras suaves são favos de mel, doces para a alma, e saúde para os ossos" (Provérbios 16:24). "O coração alegre é como o bom remédio, mas o espírito abatido seca até os ossos" (Provérbios 17:22 e Provérbios 18:14). **Você não deve ficar alegre acerca dos problemas em seu casamento; apenas fique alegre porque Deus os tem todos sob Seu controle.** "E, na verdade, toda a *correção*, ao presente, não parece ser de gozo, senão de tristeza, mas depois produz um fruto pacífico de justiça nos exercitados por ela" (Hebreus 12:11).

Não ouça fofocas ou a ninguém que tente dar más informações acerca de sua esposa. O amor "tudo sofre, *tudo crê*, tudo espera, tudo suporta. O amor nunca falha" (1 Coríntios 13:7-8). Talvez sua esposa diga a você que não está envolvido com outra pessoa, embora você SAIBA que ela está. Entretanto, você deve acreditar nela. Você não estará sendo estúpido ou ingênuo; está expressando amor incondicional ou ágape (amor de Deus).

Algumas vezes é a sua família ou são amigos próximos que tentam persuadi-lo a divorciar-se ou a mandar sua esposa embora, por causa das coisas que ela fez ou está fazendo. Você deve afastar-se daqueles que tentam desviá-lo de Deus alimentando sua carne e suas emoções. "Desvia-te do homem insensato, porque nele não acharás lábios de conhecimento" (Provérbios 14:7). "O que anda tagarelando revela o segredo; não te intrometas com o que lisonjeia com os seus lábios" (Provérbios 20:19). Se você difama sua esposa, outros irão difamá-la também! "Aquele que murmura do seu próximo às escondidas, Eu o destruirei; aquele que tem olhar altivo e coração soberbo, não suportarei" (Salmos 101:5).

Porque você já recebeu muitos conselhos que são contrários à vontade e à Palavra de Deus, não compartilhe sua situação com ninguém! Em última instância, isto despertará auto-piedade ou raiva em você! Estas emoções são da carne e lutarão contra seu espírito. Deus diz em Gálatas 5:17: "Porque a carne cobiça contra o Espírito e o Espírito contra a carne; e estes opõem-se um ao outro, para que não façais o que quereis."

Ouvir, discutir ou procurar conselhos sobre sua situação também trarão confusão, uma vez que a maior parte dos cristãos NÃO CONHECE realmente a Palavra de Deus e até pastores podem aconselhá-lo contrariamente à Palavra! A menos que tenham "provado da mesma água", podem desconsiderar ou minimizar os princípios de Deus, quando você precisa de toda a Palavra de Deus, **imparcialmente**, para salvar seu casamento!

NÃO tente descobrir o que sua esposa está aprontando. Caso você suspeite que há outra pessoa, ou caso você SAIBA que há outra pessoa com quem ela está envolvida, faça o que Deus diz: "Os teus olhos olhem para a frente e as tuas pálpebras olhem direto diante de ti. Pondera a vereda de teus pés e todos os teus caminhos sejam bem ordenados!" (Provérbios 4:25-26). "Não temas o pavor repentino, nem a investida dos perversos quando vier. Porque o Senhor será a tua esperança; guardará os teus pés de serem capturados" (Provérbios 3:25-26). E novamente, lembre-se que o amor "tudo CRÊ" (1 Coríntios 13:7).

NÃO confronte sua esposa ou os outros envolvidos! Isto é uma rede que Satanás armou. Muitas outras mulheres e homens caem nesta armadilha. Esteja atento! Você pode satisfazer sua carne, mas as consequências destruirão você e qualquer sentimento que sua esposa possa ter por você. Não fale com o outro homem por telefone ou pessoalmente.

Frequentemente, homens pensam erroneamente que devem confrontar suas esposas porque elas não deveriam estar fazendo o que estão. TODAS as mulheres e homens que confrontaram seus cônjuges, por ignorância, ou por ignorarem este livro ou meu alerta, escreveram para contar-me como arrependeram-se disto! TODOS compartilharam que isto resultou em MUITAS consequências horríveis! Por favor, não seja como Adão que tomou a dianteira e fez o que sabia que não deveria!

Uma vez que o pecado seja exposto, será ostentado na sua cara e você perderá a vantagem que Deus deu-lhe. Você deve lembrar, o amor "tudo **crê**..." (1 Coríntios 13:7).

Você deve lembrar todas as vezes que esta é uma batalha "espiritual"! Como em todas as guerras, é tolice e perigoso deixar o inimigo saber o que você sabe. Na Bíblia, nenhuma batalha foi vencida através da revelação de informações de Deus. Nem ela diz para revelarmos os movimentos do inimigo. Pelo contrário, a Bíblia nos diz para lutarmos esta guerra como uma guerra espiritual! 1 Timóteo 1:18 diz para "combatermos o bom combate." "...Não militamos segundo a carne" (2 Coríntios 10:3). Somos instruídos, entretanto, a sermos "...sóbrios [o que literalmente significa ACORDE]; vigiai; porque o diabo, vosso adversário, anda em derredor, bramando como leão, buscando a quem possa tragar" (1 Pedro 5:8).

Sua esposa e outros estão trabalhando com o inimigo, como escravos, para destruir seu casamento, seu futuro e seus filhos. "Não sabeis vós que a quem vos apresentardes por **servos** para lhe obedecer, sois servos daquele a quem obedeceis, ou do *pecado para a morte*, ou da obediência para a justiça?" (Romanos 6:16). Para vencer esta batalha, VOCÊ deve ser escravo da justiça – NÃO confronte sua esposa a respeito de seu pecado ou do que você sabe!!!

Não tente descobrir onde sua esposa está se ela não lhe deu seu paradeiro! Isto é a proteção de Deus **para você**! Fique quieto, fique em silêncio. Vá para seu quarto de oração e comece a lutar a batalha pelo seu casamento através da oração, de joelhos diante do Senhor. Deus pode mudar o coração de sua esposa, mas você poderá endurecê-lo se abertamente revelar desconfiança, suspeitas e ciúmes! "Como ribeiros de águas assim é o coração do rei na mão do Senhor, que o inclina a todo o Seu querer" (Provérbios 21:1). O outro homem, então, parecerá o único errado, não você! Toda mulher tenta proteger e defender o homem com quem está envolvida quando seu marido ataca verbalmente (ou fisicamente) o outro homem. Controle as suas emoções.

Uma esposa NÃO dará atenção a um homem com raiva ou a um que é afeminado e chora. Você deve ter humildade, bondade, e amor E total controle de suas emoções. Então depois, quando você estiver sozinho, você pode lidar com seus sentimentos. Mas na presença dela, não demonstre emoções inadequadas.

Não aja apressadamente em QUALQUER decisão. Neste momento você não está pensando claramente e, certamente, está agindo mais com a emoção do que com sabedoria. "Assim como não é bom ficar a alma sem conhecimento, peca aquele que se apressa com seus pés" (Provérbios 19:2). "O prudente atenta para os seus passos" (Provérbios 14:15). "Há um caminho que parece direito ao homem, mas o seu fim são os caminhos da morte" (Provérbios 16:25 e Provérbios 14:12). "Tens visto um homem precipitado no falar? Maior esperança há para um tolo do que para ele" (Provérbios 29:20).

"A sorte se lança no regaço, mas do Senhor procede toda a determinação" (Provérbios 16:33). "O sábio teme e desvia-se do mal" (Provérbios 14:16). Não corra para fazer mudanças, como, por exemplo, estabelecer uma "agenda de visitação." Não seja rápido para começar a obter o divórcio. Deus diz que detesta o divórcio (Malaquias 2:16). Não se mude ou deixe sua casa: "Como a ave que vagueia longe do ninho, assim é o homem que vagueia longe do lar." (Provérbios 27:8).

Você procurou sua esposa por causa de suas necessidades, medos ou problemas – apenas para *sua esposa* deixá-lo humilhado ou rejeitá-lo? Memorize estas escrituras: "O meu **Deus**, segundo as Suas riquezas, suprirá todas as vossas necessidades" (Filipenses 4:19). "Pereceria sem dúvida, se não cresse que veria a bondade do Senhor na terra dos viventes. Espera no Senhor, anima-te, e Ele fortalecerá o teu coração; espera, pois, *no Senhor*" (Salmos 27:13-14).

Um homem deve ser seguro de si se ele quer ganhar sua esposa de volta. Isso não é orgulho, pois isso deve ser feito com humildade. Se a sua esposa saiu de casa, então o seu lar estava fora de ordem.

"Sendo os caminhos do homem agradáveis ao Senhor, até a seus inimigos faz que tenham paz com ele" (Provérbios 16:7). Ao invés de suplicar para que sua esposa volte, aproveite esta oportunidade para agradecê-la e a elogie sobre como cuidou de você, seus filhos e sua casa no passado. Esta é a forma de Deus, chama-se **contentamento**.

Parte de seu problema pode ser a carreira de sua esposa fora de casa. Uma vez que Deus disse para esperar pelas coisas e você foi em frente e comprou coisas no crédito ou se mudou para uma casa maior, então você achou que sua esposa "precisava ir trabalhar". Agora sua casa fica **vazia** enquanto sua esposa trabalha e suas crianças estão em creches. Satanás é um ladrão!

Em breve, você poderá perder a casa que lutou tanto para ter. Permita a Deus salvar sua casa, sua família e seu casamento.

Você sugeriu ou encorajou sua esposa a partir? Nós, do Ministério Restaurar, temos visto muitas pessoas que pediram a seus cônjuges que partissem ou que foram as primeiras a mencionar a palavra "divórcio" num momento de raiva. Quando você planta más sementes, não se surpreenda se acabar em adultério. Palavras tem mais poder do que você pensa. "Mas eu vos digo que de toda a palavra ociosa que os homens disserem hão de dar conta no dia do juízo" (Mateus 12:36).

Se houveram problemas como álcool, drogas ou maus tratos, não acrescente adultério a eles! Talvez você tenha desejado que ela partisse por causa do álcool, das drogas ou dos maus tratos. Ou talvez você apenas sentiu que não se amavam mais. Por favor, leia o Capítulo 15, "Conforte Aqueles" para mais ajuda. Muitos homens consideram que as mulheres que estão fora de suas casas são "solteiras", mesmo que **não** sejam! Separação é o primeiro passo para o divórcio. E o divórcio é um erro de mudança de vida.

Muitos cristãos, ignorantes da destruição da separação, aconselham os homens que estão com problemas em seus casamentos a mandarem suas esposas que foram infiéis embora ou a não permitirem que elas voltem para casa. Os homens mais velhos, como está escrito no capítulo 2 de Tito, deveriam "**falar o que está de acordo com a sã doutrina**... a serem sóbrios, dignos de respeito, sensatos, e sadios na fé, no amor e na perseverança." (Tito 2:1-2).

A separação que é descrita em 1 Coríntios 7:5 só deve ser feita com mútuo consentimento **e** com o propósito de jejuar e orar. Este versículo confirma isto: "E se algum irmão tem mulher (crente ou) descrente, e ela consente em habitar com ele, **não a deixe**" (1 Coríntios 7:12).

Tomando a decisão de se separar ou divorciar, você terá escolhido destruir não apenas a sua vida e a da sua esposa, mas também a vida de seus filhos e seu futuro. Seus (futuros) netos, seus pais e seus amigos também sentirão os efeitos devastadores desta decisão egoísta, ignorante e tola.

Ao sugerir que sua esposa partisse, você deu aquele primeiro passo para o divórcio. Não é tempo de mudar a direção antes que as coisas vão mais longe? O mundo e o "inimigo" convenceram você de que esta separação ou divórcio vão tornar as coisas melhores, mas isto **é uma mentira!** Se fosse verdade, 8 entre 10 pessoas não se divorciariam no segundo ou subsequente casamento. Mais uma vez, a Bíblia é clara: "E se algum irmão tem mulher (crente ou) descrente, e ela consente em habitar com ele, **não a deixe.**" (1 Coríntios 7:13).

Entretanto, se sua esposa o deixou, você deve parar de importuná-la, pressioná-la ou mesmo ficar no seu caminho. Ela só tentará mais fortemente afastar-se de você ou correr para o mal. "Bem-aventurado o homem que não anda segundo o conselho dos ímpios; nem se detém no CAMINHO dos pecadores..." (Salmos 1:1). O único bloqueio no caminho deve ser uma "cerca de espinhos" (Oséias 2:6). Você deveria ler o livro de Oséias em sua Bíblia. Nós temos uma oração escrita para você memorizar baseada na cerca de espinhos. (Você irá encontrá-la no Capítulo 15 - "Eu Procuro por um Homem"). Ore sobre ela diariamente *por* sua esposa.

Muitos ministros encorajam as pessoas que oram pela restauração de seus casamentos a continuar procurando os seus cônjuges que partiram com telefonemas, cartões, cartas e declarações sobre seu "casamento de aliança." ISTO NÃO É BÍBLICO e fez com que muitas se tornassem "pessoas que oram pela restauração de seus casamentos por toda a vida"! A Bíblia diz: "...Mas, se o descrente se apartar, **aparte-se**; porque neste caso o irmão, ou irmã, não esta sujeito à servidão; mas Deus **chamou-nos para a paz**" (1 Coríntios 7:15). Se você não a deixar ir, os atritos continuarão. "Bem-aventurado o homem que não anda segundo o conselho dos ímpios, nem **se detém no caminho dos pecadores**..." (Salmos 1:1). Você deve deixar sua esposa saber que é livre para partir (baseado em 1 Coríntios 7:15). Isto vai ajudá-la a parar de fugir correndo, buscando o divórcio ou pulando dentro de outro casamento!

Mas eu já estou divorciada. Nunca é tarde demais, mesmo se um divórcio já tomou lugar. Muitos casaram-se novamente com seus primeiros cônjuges, DEPOIS de terem se divorciado. "Não te deixes vencer do mal, mas vence o mal com o bem" (Romanos 12:21). Deus pediu especificamente a seu profeta Oséias que casasse novamente com sua esposa Gomer, mesmo depois dela ter sido espalhafatosamente infiel a ele. "Porque ela não é minha mulher e eu não sou seu marido..." (Oséias 2:2). "Então (ela) dirá: Ir-me-ei e tornar-me-ei a meu primeiro marido, porque melhor me ia então do que agora" (Oséias 2:7). "E o Senhor me disse (a Oséias): Vai outra vez, ama uma mulher, amada de seu amigo (marido), contudo adúltera" (Oséias 3:1). Deus usou a história de Oséias e Gomer para mostrar Seu compromisso com a Sua própria noiva (a Igreja) e Sua forte persistência a respeito do casamento.

Esse também é um exemplo de como atrair sua esposa através da forma carinhosa e amável que você fala com ela. Mas, isso acontece APÓS ela saber que é livre para ir. "Portanto, agora vou atraí-la; vou levá-la para o deserto e vou falar-lhe com carinho". (Oséias 2:14).

Não permita que seus filhos vejam sua dor ou raiva em relação a sua esposa. Faça TUDO que for possível para resguardar seus filhos do que está acontecendo. Isto apenas fará com que eles tenham sentimentos ruins em relação à mãe deles.

Não jogue a culpa em sua esposa; ao invés disse, assuma TODA a responsabilidade e diga a seus filhos de quem é a culpa na verdade. Seja cautelosa quanto à direção na qual você está movendo o coração de seus filhos. Colocar os seus filhos contra a sua esposa através de suas palavras irá destruí-los e deixará sua esposa de coração partido. Machucar a mulher que você ama, nunca a trará de volta para casa. Ao invés disso, demonstre amor falando bem dela para os seus filhos e cubra a sua nudez para que seus filhos não sejam amaldiçoados. "E viu Cão, o pai de Canaã, a nudez do seu pai, e fê-lo saber a ambos seus irmãos no lado de fora. (...) E disse (Noé): Maldito seja Canaã! Escravo de escravos será para os seus irmãos". Disse ainda: "Bendito seja o Senhor, o Deus de Sem! Seja Canaã seu escravo". (Gênesis 9:22, 25-26). Abençoe seus filhos com palavras bondosas, amáveis, de perdão e honrosas.

O Senhor permitiu esta provação em sua vida e na vida de seus filhos, por um período, para atraí-los mais para perto Dele, para cumprir Seu trabalho em todos vocês e, então, uni-los novamente para Sua glória! Quando sua esposa não estiver por perto para ser culpada, você poderá então olhar para o Senhor. Quando você está mais próximo Dele, Ele pode transformá-lo mais semelhantemente à Sua imagem! "Olharam para Ele e foram iluminados e os seus rostos não ficaram confundidos" (Salmos 34:5).

Não permita que seus filhos falem mal da mãe deles. Você deve exigir respeito à mãe deles (mesmo se tiverem 5, 15 ou 25 anos!). "Honra a teu pai e a tua mãe" (Êxodo 20:12, Deuteronômios 5:16 e Marcos 7:10). Se você tem falado mal acerca da mãe deles, primeiro, peça perdão a Deus, depois peça perdão para sua esposa e finalmente peça o perdão de seus filhos. "O que encobre as suas transgressões nunca prosperará" (Provérbios 28:13). E então, comece a edificá-lo aos olhos de seus filhos (e aos seus). (Veja o Capítulo 4 - "Golpes de uma Espada", para maiores esclarecimentos).

Lembre-se, você terá dificuldade para impor respeito pela mãe *deles*, se *você* demonstrar desrespeito à *sua* esposa. 1 Pedro 3:7 diz "Do mesmo modo vocês, maridos, sejam sábios no convívio com suas mulheres e **tratem-nas com honra**, como parte mais frágil e co-herdeiras do dom da graça da vida, de forma que *não sejam interrompidas as suas orações*".

Não permita que seus filhos tornem-se rebeldes. "O filho tolo é a tristeza do seu pai e a amargura daquela que o deu à luz." (Provérbios 17:25). "A criança entregue a si mesma envergonha a sua mãe" (Provérbios 29:15). Ao invés de permitir raiva ou desapontamento, use este momento para ensiná-los a perdoar e a orar por sua mãe.

Quando a raiva se for, a dor será sentida, então, ensine-os a confiar em Deus por consolo. Este versículo ajudou meu filho de 5 anos (naquela época) quando o memorizou: Deus disse "não te deixarei, nem te desampararei" (Hebreus 13:5). Seus filhos estão confusos agora, portanto dê-lhes direções claras. Novamente, você terá dificuldades em reforçar isto em seus filhos se *você* demonstrar falta de domínio próprio.

Tome cuidado para não escolher a estrada "mais fácil". Ela pode *parecer* ser a estrada mais fácil, mas no final é a estrada que leva a ainda mais tristeza, provações, dificuldades e mágoas do que a que você está experimentando agora. Nós, que passamos por casamentos difíceis, separação e/ou divórcio, queremos alertá-la sobre quaisquer idéias, livros ou pessoas que tentarão influenciá-la a seguir pelo caminho do mundo, o que SEMPRE termina em desastre! Se o mundo endossa, nós, como Cristãos, sabemos que este é o caminho espaçoso que leva à destruição.

Apertado é caminho que leva para a vida e poucos são aqueles que o encontram! "Entrai pela porta estreita; porque larga é a porta e espaçoso o caminho que conduz à perdição, muitos são os que entram por ela; e porque estreita é a porta e apertado o caminho que leva à vida, poucos há que a encontrem" (Mateus 7:13-14). Você deve procurar por aquele caminho apertado em todas as suas decisões, na forma pela qual você fala com os outros e na forma com que você lida com as provações que SURGEM em seu caminho agora ou que surgirão no futuro.

Por favor, seja cuidadoso com o que você lê. Livros cuja fundamentação é a Filosofia ou aqueles escritos por psicólogos ou conselheiros matrimoniais encherão sua mente com pensamentos que **não** são das Escrituras. Essas ideias destrutivas que são contrárias aos princípios de Deus causarão que sua restauração ande para trás e não para frente. Seja cuidadoso a respeito de livros que cubram tópicos tais como: "amor difícil", "temperando seu casamento" e aqueles com ensinamentos a respeito de "co-dependência". Nós temos visto os danos que estas ideias causaram a casamentos e às mulheres que olharam para elas em seu desespero. Ao invés disso, renove sua mente com a Palavra de Deus. Se você meditar em Sua Palavra, Deus promete no Salmos 1 que você prosperará em **tudo** o que você fizer!!

Olhe para Deus e para aqueles de "mesma mentalidade" para encorajá-lo a permanecer confiando em Deus por seu casamento. Por favor, vá ao Conselheiro (Palavra de Deus) que é gratuito e poupe seu dinheiro e seu casamento. Deus o quer para Ele! Fique longe dos "profissionais". Todo profissional tem suas formas e crenças. Há milhões de conselheiros matrimoniais e livros escritos a respeito de problemas no casamento. Se eles soubessem todas as respostas, porque há uma epidemia de divórcios, especialmente na igreja?!

Por onde você começa, o que deve fazer? Comece a mover sua casa demolida para a rocha. "Todo aquele, pois, que escuta estas minhas palavras e as pratica, assemelhá-lo-ei ao homem prudente, que edificou a sua casa sobre a rocha; e desceu a chuva, e correram rios, e assopraram ventos, e combateram aquela casa, e não caiu, porque estava edificada sobre a rocha" (Mateus 7:24-25). "Com a sabedoria se edifica a casa, e com o entendimento ela se estabelece e pelo conhecimento se encherão as câmaras com todos os bens preciosos e agradáveis" (Provérbios 24:3-4).

Louve a Deus em *TODAS* as coisas. "Ofereçamos sempre por Ele, a Deus, **sacrifício** de louvor, isto é, o fruto dos lábios que confessam o Seu nome" (Hebreus 13:15). "Regozijai-vos **sempre** no Senhor; outra vez digo, regozijai-vos" (Filipenses 4:4).

Aprenda verdadeiramente a orar. "E busquei dentre eles um homem que estivesse tapando o muro, e **estivesse na brecha** perante mim por esta terra, para que Eu não a destruísse; porém a ninguém achei" (Ezequiel 22:30). Permanecer na brecha NÃO significa ficar no caminho de sua esposa!

Leve todo pensamento cativo. "Porque as armas da nossa milícia não são carnais, mas sim poderosas em Deus para destruição das fortalezas, destruindo os conselhos e toda a altivez que se levanta contra o conhecimento de Deus, levando cativo todo o entendimento à obediência de Cristo" (2 Coríntios 10:4-5).

Comece a renovar a sua mente para ser como a mente de Cristo e para olhar para sua situação como Deus olha: de cima. Adquira o "Livro de Promessas da Bíblia" em sua livraria cristã local e coloque-o próximo à sua cama. Os versos se tornarão um refúgio para você enquanto medita em Suas promessas quando se tornar ansioso.

Compre cartões 3x5 e escreva todos os versículos da Bíblia que acha que vão ajudá-la a renovar sua mente, a lutar no Espírito (a Espada do Espírito é a Palavra de Deus), ou a recorrer quando experimentar um ataque de medo, dúvida ou mentiras. Mantenha-os com você todo o tempo e leia-os continuamente. Pare de falar tanto sobre seus problemas, ouça a Deus e leia Sua Palavra.

O Salmo 1 dá a você uma promessa: "Antes tem o seu prazer na lei do Senhor e na sua lei *medita de dia e de noite*. Pois será como a árvore plantada junto a ribeiros de águas, a qual dá o seu fruto no seu tempo; as suas folhas não cairão e *tudo quanto fizer* **prosperará**" (Salmos 1:2-3). Falando de forma prática, se você ler esse livro ao ponto dele ficar gasto ou tirar um tempo para fazer os cartões 3x5 com as Escrituras que você precisa, não terá como você evitar meditar em Sua Palavra. Quase todas as pessoas que eu conheci que tiveram o casamento restaurado fizeram umas dessas coisas ou as ambas.

NENHUM casamento é um caso perdido. "Aos homens é isso impossível, mas a Deus tudo é possível" (Mateus 19:26). Novamente, lembre-se que não é verdade que somente você *e* sua esposa, juntos, devem procurar ajuda para mudar o casamento. Nós temos visto os bons "frutos" de homens que pediram a Deus que mudasse o coração de suas esposas, que trabalhasse nelas, e Deus foi fiel. (Leia sobre "Frutos" em Mateus 7:16-20).

"E por que reparas tu no argueiro (*cisco*) que está no olho do teu irmão e não vês a trave que está no teu olho? Ou como dirás a teu irmão: Deixa-me tirar o argueiro do teu olho, estando uma trave no teu? Hipócrita, tira primeiro a trave do teu olho e então cuidarás em tirar o argueiro do olho do teu irmão" (Mateus 7:3-5, Lucas 6:41-42). Oramos o seguinte por você: "que você veja claramente como realmente ajudar sua esposa sendo um homem de Deus, que é manso, e ainda corajoso, que atrai sua esposa com palavras bondosas e amáveis".

Quanto tempo? Muitos homens têm perguntado a mim "quanto tempo" suas esposas ficarão longe ou "quanto tempo" sua provação irá durar. Talvez ajude se você pensar nisto como uma jornada. Quanto tempo levará, muitas vezes depende de você. Enquanto Deus mostra a você uma área em que Ele está trabalhando, trabalhe "com Ele". Não se desvie com as coisas de sua vida diária. Satanás trará "os cuidados do mundo" com objetivo de sufocar a Palavra em seu coração. Satanás também trará situações, emergências ou outras crises, que desviarão sua atenção de seu destino – sua família restaurada!

Muito frequentemente nossa jornada parece ter "parado". Apenas dê o próximo passo de obediência. Quando você estiver cansado com a "espera", não perca o ânimo. Este é o tempo que nosso Senhor está usando para alargar nossa fé e focar nossa atenção no trabalho de Deus em nossas vidas. Tudo que é requerido é nossa obediência, que liberará poder espiritual para trabalhar em nosso favor. Não é necessário que Deus nos dê uma explicação detalhada sobre o que Ele está fazendo. Nós temos que acreditar que Deus está trabalhando com pessoas e situações e arrumando as circunstâncias para o Seu melhor por nós.

Há MAIS Ajuda!

Para conhecer o Ministério Restaurar para Homens, por favor, acesse:

EncouragingMen.net

Deixe-me orar por você agora...

"Querido Senhor, por favor, guie este irmão tão especial durante os problemas em seu casamento. Quando ele desviar-se para a direita e quando desviar-se para a esquerda, que seus ouvidos ouçam atrás dele uma palavra dizendo: Este é o caminho, andai por ele (Isaías 30:21).

Por favor, reassegure-o, quando ele vir mil caírem a sua direita e dez mil a sua esquerda, ajudando-o, a saber, que, se ele seguir a Ti, isto não acontecerá com ele (Salmos 91:7). Esconda-o sob Tuas asas protetoras.

Ajude-o a achar o caminho estreito que irá conduzi-la à vida, a vida abundante que Tu tens para ele e para sua família. Senhor, eu oro por um testemunho, quando este casamento problemático ou partido for curado e restaurado, que Tu possas usar para a Tua glória! Nós Te daremos toda a honra e toda a glória, Amém".

Capítulo 2

Nós Somos o Barro

"...Nós (somos) o barro
e Tu, o nosso oleiro;
e todos nós a obra das Tuas mãos."
Isaías 64:8

Quando estamos passando por uma crise em nosso casamento é muito fácil focalizar no que sua esposa está fazendo com você. Enquanto você fizer isto, irá somente debater-se e nunca chegar à vitória. Você aprenderá que sua esposa não é o seu inimigo no Capítulo 15 - "Ele nos Deus as Chaves".

Vamos aprender neste capítulo, que Deus muitas vezes não está mudando o comportamento de nossas esposas, porque Deus está usando as coisas que elas estão fazendo como o Torno do Oleiro e Suas mãos, para moldar-nos mais à Sua imagem. De qualquer forma, se reclamarmos que preferiríamos que Ele usasse outra coisa ou outra pessoa, mas não nossos cônjuges e nossos casamentos, como o Seu torno, vamos vagar no deserto por anos!

Contender com seu Criador? "Ai daquele que **contende com o seu Criador!** O caco entre outros cacos de barro! Porventura dirá o barro ao que o formou: Que fazes? Ou a tua obra: Não tens mãos?" (Isaías 45:9). Deixe Deus ser Deus. Ao invés de reclamar sobre "como" ou "quem" Ele usa para provocar-nos a finalmente buscarmos a Deus para transformar-nos - Louve-O por Sua fidelidade! Ele está determinado a transformá-lo em um lindo vaso, pronto para o **Seu** uso.

Mas você não entende. Muitas pessoas nos dizem, quando tento confortá-las ou encorajá-las, que nós "simplesmente não compreendemos!". De muitas formas, nós **compreendemos**, embora esteja certo de que ninguém, exceto Jesus, realmente compreende. "...Como se o oleiro fosse igual ao barro e a obra dissesse do seu artífice: 'Não me fez'; e o vaso formado dissesse do seu oleiro: '**Nada sabe**'" (Isaías 29:16). Fale com Ele acerca de sua situação e permita que Ele dê-lhe paz. Ele sabe o que é melhor para você, então trabalhe com Ele.

Você está em Suas mãos. "Eis que, como o barro na mão do oleiro, assim sois vós **na Minha mão**..." Jeremias 18:6. Não é reconfortante saber que você está nas mãos de Deus? Embora sua esposa possa dizer a você que ela não se importa ou tratá-lo como se não se importasse, o Seu Deus se importa. De quem mais você precisa? A verdade é que sua esposa se importa. Ela está ferida e enganada, mas ela se importa lá no fundo, abaixo de suas feridas.

A Prescrição de Deus

Deus tem uma prescrição para curar uma nação ou uma família. Ele diz: "E se o Meu povo, que se chama pelo Meu nome, se **humilhar**, e **orar**, e **buscar a Minha face** e **se converter dos seus maus caminhos**, então Eu *ouvirei* dos céus e *perdoarei* os seus pecados e *sararei* a sua terra" (2 Crônicas 7:14).

Deus disse que se nós nos **humilharmos**, se orarmos, se buscarmos Sua face (e não a Sua mão) e nos convertermos de nossos maus caminhos, 'ENTÃO ELE IRÁ': ouvir-nos, perdoar-nos e sarar-nos. Ao invés disso, andamos "segundo o conselho dos ímpios" (Salmos 1:1), "confiamos no homem" (Jeremias 17:5) e agora sofremos as consequências – cura superficial! "E curam a ferida da filha de meu povo levianamente" (Jeremias 8:11). "E curam superficialmente a ferida da filha do meu povo, dizendo: Paz, paz; quando não há paz" (Jeremias 6:14).

Ao invés disto, devemos morrer para nós mesmos. "...E ele morreu por todos, para que os que vivem, não vivam mais **para si**, mas **para Aquele** que *por eles* morreu e ressuscitou" (2 Coríntios 5:15).

Somente os Humildes

Humilhe-se. Pessoas determinadas e arrogantes compreendem a Palavra de Deus sem o Espírito, mas para conhecermos a mente de Deus necessitamos de **humildade**!

A humildade será testada. "...O SENHOR teu Deus te guiou no deserto estes quarenta anos, para te **humilhar** e te **provar**, para saber o que estava no teu coração, *se guardarias os Seus mandamentos* ou não" (Deuteronômio 8:2).

A humildade irá salvá-lo. "Quando te **abaterem**, então tu *dirás*: Haja exaltação! E Deus **salvará** ao **humilde**" (Jó 22:29).

A humildade fortalecerá seu coração. "SENHOR, Tu **ouviste** os *desejos* dos **mansos**; **confortarás os seus corações**; os *Teus ouvidos estarão abertos* para eles..." (Salmos 10:17).

Somente os humildes serão exaltados. "Depôs dos tronos os poderosos e **elevou** os **humildes**" (Lucas 1:52).

Somente os humildes receberão a graça que necessitam. "Antes, Ele dá maior graça. Portanto diz: 'DEUS RESISTE AOS SOBERBOS, MAS **DÁ GRAÇA** AOS **HUMILDES**'. Humilhai-vos perante o Senhor e Ele vos exaltará" (Tiago 4:6 e 10).

A humildade é enraizada no Espírito. "E, finalmente, sede todos harmoniosos, compassivos, fraternais, bondosos e **humildes** *no espírito*..." (1 Pedro 3:8). Sua falsa humildade será manifesta em sua atitude autoconfiante. Isso virá à tona em sua raiva e amargura em relação à sua esposa e outras pessoas.

Arrogância espiritual. Quase a metade dos que vêm ao nosso ministério, procurando ajuda para a restauração de seus casamentos, exibem arrogância espiritual e autoconfiança. Isto é o que chamo de espírito Farisaico. Homens, isto é tão perigoso. Isto IMPEDIRÁ Deus de mover seu casamento em direção à restauração e é o que está realmente dirigindo sua esposa para longe.

Deus nos mostrou, em Sua Palavra, que Jesus foi duro, crítico e opôs-se a somente um grupo de indivíduos - os Fariseus! Existem muitos Cristãos que fingem ser espirituais no exterior, mas são imundos em seu interior. Existem tantos Cristãos que olham para os pecados de suas esposas, embora sejam negligentes para enxergar a trave em seus próprios olhos. Você é assim? Você olha para o que sua esposa fez ou está fazendo e esquece-se de ver a sua raiva, amargura, grosseria e arrogância?

Os outros podem vê-lo como a "pobre vítima" que foi abandonada e traída. Mas *eu*, em minha justiça própria, estava desejando perdoar. Eles olham para você como quem está desesperadamente tentando manter unida a sua família? Você é visto como quem está esperando, de braços abertos para perdoar sua esposa, "a pecadora", "a prostituta", quando ela voltar aos seus sentidos, arrependendo-se e voltando para casa vindo do "exílio"! Escriba, Fariseu, "sepulcro caiado"!!!

Se você pode identificar-se com esta mentalidade pecadora e orgulhosa, se este é você, vou implorar que se curve sobre seu rosto diante de Deus e peça a Ele para purificá-lo desta atitude, que não só inibirá a restauração, como também colocará você em oposição a um relacionamento sincero e íntimo com Deus.

Ore! Comece orando o Salmo 51:2-4: "Lava-me completamente da minha iniquidade e purifica-me do meu pecado. Porque eu conheço as minhas transgressões e o meu pecado está sempre diante de mim. Contra ti, contra ti somente pequei, e fiz o que é mal à tua vista, para que sejas justificado quando falares e puro quando julgares". Há muito mais sobre oração nos últimos dois capítulos deste livro.

Busque a Sua Face. "E se o Meu povo, que se chama pelo Meu nome, se humilhar e orar e **buscar a Minha face...**" (2 Crônicas 7:13). "Buscai ao Senhor e a Sua força, **buscai a Sua face** *continuamente*" (1 Crônicas 16:11). "...**Busquem a Minha face**; estando eles angustiados, de madrugada me buscarão" (Oséias 5:15).

Eles... estavam radiantes. "**Olharam para ele** e foram **iluminados**; e os seus rostos não ficaram confundidos" (Salmos 34:5). Busque a Sua face! Tantos buscam a Sua mão (o que Ele pode fazer por "mim"). Mas, aqueles que buscam a face de Deus herdarão todas as coisas!

Converta-se de seus caminhos maus. "E se o Meu povo, que se chama pelo Meu nome, se humilhar e orar e buscar a Minha face e **se converter dos seus maus caminhos...**" (2 Crônicas 7:13). As Escrituras não são somente para a mente, são para o coração e para a vontade. Para absorver o real impacto das Escrituras, temos que render nossas vidas e nossa vontade à orientação do Espírito. Temos que estar dispostos a nos superar. Temos que render frutos para Ele.

Obedecer é melhor que sacrificar. "Eis que o obedecer é melhor do que o sacrificar e o atender melhor é do que a gordura de carneiros. Porque a rebelião é como o pecado de feitiçaria e o porfiar é como iniquidade e idolatria" (1 Samuel 15:22). Você sabe a coisa certa a fazer, apesar disto você não a faz? Obedeça! "Aquele, pois, que sabe fazer o bem e não o faz, comete pecado" (Tiago 4:17).

Ande no Espírito

Ande no Espírito. Estar cheio do Espírito Santo permitirá que você ande no Espírito, não no pecado ou desejos carnais. Peça a Deus para enchê-lo com Seu Santo Espírito agora mesmo! "E porei dentro de vós o **Meu Espírito** e farei que *andeis* **nos Meus estatutos**, e guardeis os **Meus juízos e os observeis**" (Ezequiel 36:27). "Digo, porém: **Andai em Espírito** e não cumprireis a **concupiscência da carne**" (Gálatas 5:16).

Ore. "E se o Meu povo, que se chama pelo Meu nome, se humilhar e **orar**..." (2 Crônicas 7:13).

Nós sempre podemos confiar em Deus para fazer com que qualquer coisa se transforme para nosso bem, se "sabemos que todas as coisas contribuem juntamente para o bem daqueles que **amam a Deus**, daqueles que são chamados segundo o **Seu propósito**" (Romanos 8:28).

Qual é a "Condição" Necessária para Ser Ouvido?

Adeqüe seus desejos a Sua vontade. A promessa de Jesus é baseada nesta condição: "Se vós estiverdes em Mim e as Minhas palavras estiverem em vós, pedireis tudo o que quiserdes e vos será feito" (João 15:7). Quando seu coração descansa em Jesus somente e *sua vontade* é centrada na *vontade Dele*, você está realmente fazendo Dele seu Senhor. E saber a Sua vontade é saber a Sua Palavra. É a Sua vontade que seu casamento seja curado. Ele odeia o divórcio e nós devemos ser reconciliados; porém, Ele tem condições.

A condição para toda benção. Cada promessa dada por Deus tem uma condição para aquela benção. Muitos clamarão uma parte das Escrituras, embora omitam as condições ou façam vista grossa a elas.

Condição: "Crê no Senhor Jesus Cristo...
Promessa: e serás salvo" (Atos 16:31).

Condição: "Deleita-te também no SENHOR...
Promessa: e te concederá os desejos do teu coração"
(Salmos 37:4).

Condição: "Educa a criança no caminho em que deve
andar...
Promessa: e até quando envelhecer não se desviará dele"
(Provérbios 22:6).

Condição: Primeira: "...daqueles que amam a Deus...";
segunda: "...daqueles que são chamados segundo o Seu
propósito".
Promessa: "E sabemos que todas as coisas contribuem
juntamente para o bem..." (Romanos 8:28).

Compromisso pessoal: de permitir a Deus transformar-me.
"Baseado no que aprendi da Palavra de Deus, comprometo-me a
permitir que Deus me transforme através de quaisquer meios ou
pessoas que Ele escolher. Vou focalizar minha atenção em
transformar a mim mesmo ao invés de à minha esposa ou aos outros
a meu redor".

Data: _____ Assinatura: _____

——— Capítulo 3 ———

Tenha Fé em Deus

"E Jesus, respondendo, disse-lhes:
Tende fé em Deus".
Marcos 11:22

Você Tem Fé ou Medo?

O medo será um dos grandes ataques que você precisará superar. Romanos 12:21 diz: "Não te deixes vencer do mal, mas vence o mal com o bem". O medo roubará sua fé e irá torná-lo totalmente vulnerável ao inimigo. Quando você ouve o que todos estão dizendo a respeito do que sua esposa está fazendo ou deixando de fazer, ao invés de manter seus olhos no Senhor e em Sua Palavra, você falhará em focalizar Cristo e começará a afundar!

Você deve falar a "verdade" para todos sempre sobre a habilidade de Deus e Seu desejo de restaurar seu casamento. Novamente, leia os testemunhos de casamentos restaurados e, então, ACREDITE que o seu testemunho será acrescentado a estes!

Um exemplo de fé: Pedro. Leia sobre o comportamento de Pedro em Mateus 14, começando no versículo 22. Jesus pediu a Pedro que andasse sobre a água. Se Ele está pedindo a você que ande sobre a água, você descerá do barco? Observe quando Pedro clama a Jesus - é seguido da palavra **"logo"** (imediatamente). Imediatamente, Jesus falou com ele e disse para ter coragem. Então, mais tarde, quando Pedro começou a afundar e clamou ao Senhor, "logo Jesus, estendendo a mão, segurou-o!" (Mateus 14:31).

Medo. Uma pergunta que devemos fazer a nós mesmas é: 'por que Pedro afundou?' "Mas, sentindo o vento forte, teve medo" (Mateus 14:30). Se você olhar para sua situação e para a batalha que está acontecendo, afundará! Pedro tirou seus olhos do Senhor e o resultado foi medo! A Bíblia diz que ele "teve medo." Se você tirar seus olhos do Senhor, ficará com medo!

Seu testemunho. Outro ponto muito importante é ver o que aconteceu aos outros que estavam no barco (você esqueceu que havia outros que não saíram do barco?). A Bíblia diz: "Então aproximaram-se os que estavam no barco e adoraram-no, dizendo: És verdadeiramente o Filho de Deus" (Mateus 14:33). Você deseja permitir que Deus use você para revelar Sua bondade, Sua misericórdia, Sua proteção e atrair outros para Ele? Há uma grande recompensa! Isto é evangelismo. Outros virão a você quando estiverem com problemas porque viram sua paz apesar das circunstâncias que enfrenta.

Supere

O vento acalmou. "E, quando subiram para o barco, acalmou o vento" (Mateus 14:32). Sua batalha não durará para sempre. Este teste foi necessário para tornar Pedro forte o suficiente para ser a "Rocha" de quem Jesus falou (Mateus 16:18). Satanás (e outros trabalhando para ele) dirão que você ficará na provação até que 'caia fora' ou desista.

Deus nunca teve a intenção de deixar-nos "no vale da sombra da morte." No Salmo 23 está escrito que nós andaremos "*pelo* vale da sombra da morte". Satanás quer que pensemos que Deus deseja que **vivamos lá**! Ele quer pintar uma imagem de "desesperança"! Deus é a nossa esperança, e esperança é a fé em Sua Palavra que tem sido plantada em nossos corações.

Fé

Abraão. O segundo exemplo é quando Abraão estava com 90 anos e continuava sem o filho que Deus havia prometido. A Bíblia diz que ele "creu contra a esperança" (Romanos 4:18). Isto não é bom? Mesmo quando toda a esperança se foi, ele continuou acreditando em Deus e em Sua Palavra. Nós **temos** que fazer o mesmo.

Aja segundo a fé que você tem. "E Jesus lhes disse: Por causa de vossa pouca fé; porque em verdade vos digo que, se tiverdes **fé como um grão de mostarda**, direis a este monte: Passa daqui para acolá e há de passar; e *nada* vos será impossível" (Mateus 17:20).

Se você carece de fé. Se você carece de fé, deve pedir a Deus. Há uma batalha até mesmo pela nossa fé. "Milita a boa **milícia da fé**..." (1 Timóteo 6:12). E "Combati o **bom combate**, acabei a carreira, guardei a **fé**" (2 Timóteo 4:7). "E **não podia** (Jesus) fazer ali obras maravilhosas; somente curou alguns poucos enfermos, impondo-lhes as mãos. E estava admirado da **incredulidade** deles" (Marcos 6:5-6). Quando o Senhor impuser Suas mãos sobre você e sobre seu casamento, Ele ficará admirado de SUA incredulidade?

Imitadores da fé. Nós faremos bem se imitarmos aqueles que, na Bíblia, demonstraram fé (você pode encontrar o Corredor da Fé no capítulo 11 de Hebreus). Precisamos agir nas promessas de Deus. "..., Mas sejais **imitadores** dos que pela **fé e paciência** *herdam as promessas*" (Hebreus 6:12). Muitos homens que seguiram os princípios apresentados neste livro obtiveram vitória em seus casamentos problemáticos ou até destruídos. Seus testemunhos irão encorajá-lo na fé. Acredite, como o hino que diz: "O que Ele fez por outros, Ele fará por você!" Leia todos os incríveis testemunhos de casamentos que Deus restaurou em nosso website (www.ajudamatrimonial.com).

Dúvida Destrói

Coração dobre ou duvidoso. Você não deve ser uma pessoa de coração dobre. Sua mente não deve hesitar ou duvidar de Deus. **"Peça**-a, porém, **com fé**, *em nada duvidando*; porque o que duvida é semelhante à onda do mar, que é levada pelo vento, e lançada de uma para outra parte. Não pense tal homem que receberá do Senhor alguma coisa. O homem de coração dobre é *inconstante em todos os seus caminhos*" (Tiago 1:6-8). **"Odeio** os pensamentos vãos, mas amo a tua lei" (Salmos 119:113).

Se você tem problema de coração dobre, precisa ler e meditar na Palavra de Deus, que é a única verdade! Você TEM que se separar de QUALQUER pessoa que continue a dizer-lhe coisas contrárias ao desejo de restaurar seu casamento. Você aprenderá no próximo capítulo "Desejos do Seu Coração" que não importa a vontade de sua esposa sobre deixá-lo e estar com outra pessoa. O que importa é o coração dela. Então esteja alerta e fale a "verdade" com todos sempre sobre sua fé na habilidade de Deus e sobre Seu desejo de restaurar seu casamento.

Fé sem obras. "Mas dirá alguém: Tu tens a fé e eu tenho as obras; mostra-me a tua fé sem as tuas obras e eu te **mostrarei a minha fé** *pelas* **minhas obras**" (Tiago 2:18). Mostre aos outros que você tem fé através das suas ações. Se você acredita que sua esposa vai voltar para casa, aja com tal. Garanta que você use sua aliança de casamento! Pare de andar por aí como se não houvesse esperança. Não faça planos que não se baseiam na restauração de seu casamento! "Mas, ó *homem vão*, queres tu saber que **a fé sem as obras é morta**?" (Tiago 2:20).

Firme em sua fé. Lembre-se daqueles que superaram e então receberam a vida abundante que Deus prometeu. "Ao qual resisti **firmes na fé**, sabendo que **as mesmas** aflições se cumprem entre os vossos irmãos no mundo" (1 Pedro 5:9). Leia e releia os testemunhos em nosso website e em nosso livro *"Pela Palavra do Seu Testemunho"*. Guarde estes testemunhos em sua mente. Compartilhe-os com sua família e amigos que duvidam que seu casamento possa ser salvo ou que Deus não é capaz ou não quer transformar o sua esposa, ou não pode acabar o relacionamento em que ela está envolvida.

Como Aumentar Sua Fé

Fé. Leia sobre as diferentes situações na Bíblia e identifique a sua situação com a dessas pessoas. Leia sobre como Jesus acalmou as ondas do mar para aprender sobre o Seu grande poder (Marcos 4:39). Então leia sobre como Ele alimentou cinco mil pessoas com os cinco pães e dois peixinhos para aprender que Ele pode fazer muito com pouco (João 6:1-15). Lei sobre como Jesus curou os leprosos (Lucas 17:11-17), curou os enfermos, abriu os olhos dos cegos (João 9:1-41), e perdoou a mulher pecadora (João 8:3-11), então você nunca duvidará de Sua misericórdia para você e sua situação. Novamente, leia os testemunhos de casamentos restaurados; então ACREDITE que o seu será adicionado à esses!

A Palavra. Como podemos ganhar ou aumentar nossa fé? "A **fé é pelo ouvir, e o ouvir pela** *Palavra* **de Deus**" (Romanos 10:17). Leia a Sua Palavra e o testemunho de outros. Cerque-se de *homens* fiéis, que creiam junto com você. Aqueles que permaneceram firmes em Deus irão ensiná-lo e apoiá-lo. Muitas vezes descobrimos que quando você sente como se não tivesse fé, deve compartilhar o pouco que ainda lhe resta. Quando Deus trouxer outro homem que está tendo problemas no casamento, encoraje-o e lhe dê o resto da fé que você tem. Você desligará o telefone regozijando-se porque Deus o **encherá** de fé. (Por favor, tenha muito cuidado para encorajar e compartilhar a sua fé somente com outro homem - e não mulheres. Nós temos visto mais de um homem cair em adultério dessa forma.) Leia 1 Reis 17:12-15, para lembrar-se da viúva que deu seu último bolo para Elias e o milagre que *ela* recebeu!

Muitos vêm a nós pedindo ajuda e falham em colher um casamento restaurado, porque sentem que são incapazes de plantar na vida de outras pessoas enquanto estão lutando para salvar seus próprios casamentos. Isto não é bíblico e é contrário aos princípios de Deus. Tenha um Parceiro de Encorajamento e ajude-o a restaurar o seu casamento. Tudo o que precisa o usará poderosamente enquanto você ministra a outros em sua dor e carência - e Deus abençoará os seus esforços com "a paz que excede todo o entendimento" e um casamento restaurado!

Obediência. Não esqueça que a obediência a Deus é o modo supremo de alcançar a vitória. Não esqueça o que Jesus disse: "Nem todo o que me diz: Senhor, Senhor! entrará no reino dos céus, mas aquele que faz a vontade de Meu Pai, que está nos céus. (...) E então lhes direi abertamente: Nunca vos conheci; APARTAI-VOS DE MIM, VÓS QUE PRATICAIS A INIQÜIDADE" (Mateus 7:21, 23). Se você "pratica" ou continua fazendo o que agora sabe que é contrário aos princípios bíblicos - seu casamento NÃO será restaurado!

Na vontade de Deus. Se seu coração o convence de que não está fazendo a vontade de Deus e que não está seguindo os princípios de Deus, indicados neste livro, então é claro que você não terá confiança e fé para receber seu pedido de Deus. Peça a Deus para "quebrantá-lo" até sua vontade se tornar a vontade de Deus.

Você DEVE Esperar

Espere pelo tempo de Deus. Podem haver muitas "batalhas" que temos que lutar (e vencer) na guerra por nossos casamentos. Lembre-se, "Quando a batalha é do Senhor, a vitória é nossa!".

Da mesma forma que nas guerras, nem todas as batalhas são vencidas pelo mesmo lado, então, não desanime se você não aguentou e cometeu alguns erros. Temos o conforto de saber que Ele nos ouve imediatamente, mas a resposta pode parecer lenta.

No livro de Daniel, um anjo falou com ele e deu-nos estes '*insights*': "...Desde o primeiro dia em que **aplicaste o teu coração** a compreender e a **humilhar-te** perante o teu Deus, *são ouvidas as tuas palavras*; e eu vim por causa das tuas palavras. Mas o príncipe do reino da Pérsia me resistiu **vinte e um dias**" (Daniel 10:12-13). Pode levar algum tempo para vencer as batalhas, portanto, não fique cansado. "E vós, irmãos, não vos canseis de **fazer o bem**" (2 Tessalonicenses 3:13).

Espere pelo tempo de Deus. Deus parece trabalhar em UMA coisa de cada vez. Nós temos que trabalhar *com* Ele, em Seu tempo. Isto não significa que temos que **esperar para orar,** apenas significa que temos que esperar por Deus para mudar a situação no tempo certo. Graças a Deus que Ele não atira (através do convencimento) todos os nossos pecados em cima de nós de uma só vez! Apenas use o tempo enquanto você espera para orar.

Compromisso pessoal: permitir a Deus transformar-me. "Baseado no que aprendi sobre a Palavra de Deus, comprometo-me a buscar a Deus e a Sua Palavra para aumentar a minha fé em Sua habilidade para restaurar meu casamento. Vou combater o medo, colocando meus olhos em Jesus, o Autor e Consumador da minha fé".

Data: _____ Assinatura: _____

Capítulo 4

O Teste de Sua Fé

"Meus irmãos, tende grande gozo
quando cairdes em várias tentações;
sabendo que a prova da vossa fé
opera a paciência."
Tiago 1:2-3

Qual é o propósito de **Deus** em nossas provações, tribulações e teste? Muitos Cristãos não têm nem ideia de porque Deus permite nossos sofrimentos. Sem este entendimento, é de se surpreender que os Cristãos hoje em dia sejam tão facilmente derrotados? Veremos que há muitos **benefícios** que vêm das nossas provações e testes, especialmente o desenvolvimento da nossa fé e da perseverança necessária para completar o caminho a nossa frente.

A coisa mais importante para compreendermos durante nossas provações, tribulações, testes e tentações é que Deus está no controle! É a **Sua** mão que permite que estas provações toquem ou não toquem as nossas vidas. Quando Ele as permite, Ele envia a Sua graça, que nos capacita a suportá-las.

Permissão para a adversidade. O mais confortante a saber é que Satanás não pode nos tocar sem a permissão de Deus. "E disse o Senhor a Satanás: Eis que tudo quanto ele tem está na tua mão; somente **contra ele não estendas a tua mão**" (Jó 1:12). Satanás não apenas precisa de permissão, mas também recebe instruções específicas sobre como pode tocar-nos. "Disse também o Senhor: Simão, Simão, eis que Satanás vos pediu para vos cirandar como trigo..." (Lucas 22:31).

Tentações. As tentações que experimentamos são comuns aos homens, como a Escritura diz, porém Deus provê um meio de escape. "Não veio sobre vós tentação, **senão humana**; mas fiel é Deus, que não vos deixará tentar acima do que podeis, antes com a **tentação** dará também o **escape**, *para que a possais suportar*" (1 Coríntios 10:13). Ele não irá tirá-lo do fogo até que você esteja desejoso por andar nele, através dele e suportá-lo!

As tentações são trazidas pelas nossas próprias concupiscências. A concupiscência (cobiça) é simplesmente aquilo que NÓS queremos. Também Deus não nos tenta a fazer o mal, mas, ao contrário, é a nossa concupiscência que nos tenta a fazer aquilo que sabemos que não deveríamos! "Ninguém, sendo tentado, diga: **De Deus sou tentado**; porque Deus não pode ser tentado pelo mal, e a ninguém tenta. Mas cada um é tentado, quando atraído e **engodado pela sua própria concupiscência**" (Tiago 1:13-14).

Arrependimento e salvação. "Agora folgo, não porque fostes contristados, mas porque fostes contristados para arrependimento; pois fostes contristados **segundo Deus**; de maneira que por nós não padecestes dano em coisa alguma. Porque a tristeza **segundo Deus** opera **arrependimento para a salvação, da qual ninguém se arrepende**; mas a tristeza do mundo opera a morte" (2 Coríntios 7:9-10). Deus nos permite sofrer para levar-nos ao arrependimento. Quando você tenta fazer com que sua esposa (e outros) arrependam-se do que fiz, este esforço não traz o verdadeiro e genuíno arrependimento, pelo contrário, ENDURECERÁ seu coração contra você e contra Deus!

Nós precisamos de graça. "E disse-me: A Minha **graça** te basta, porque o Meu poder se aperfeiçoa na fraqueza. De boa vontade, pois, me gloriarei nas minhas fraquezas, para que em mim habite o poder de Cristo. Por isso **sinto prazer** nas **fraquezas**, nas **injúrias**, nas **necessidades**, nas **perseguições**, nas **angústias** por amor de Cristo. Porque quando estou fraco então sou forte" (2 Coríntios 12:9-10).

Você NUNCA verá a restauração enquanto não demonstrar contentamento em suas provações.

Maravilhosa Graça

Como obtemos a graça que precisamos para passar por nossas tribulações? Através da humildade.

"Deus resiste aos soberbos, mas **dá graça** aos **humildes**" (Tiago 4:6).

"Qualquer que a si mesmo se exalta será **humilhado**, e qualquer que a si mesmo se **humilha** será exaltado" (Lucas 18:14).

"Bem-aventurados os **mansos**, porque eles herdarão a terra" (Mateus 5:5).

"A soberba do homem o abaterá, mas a honra sustentará o **humilde de espírito**". (Provérbios 29:23).

Reconhecermos nossas fraquezas, confessarmos nossas faltas e sermos humildes, isto permitirá que o Espírito Santo habite em nós. Então aprenderemos o contentamento, não importa quais sejam as circunstâncias. Uma vez que estejamos contentes, Deus poderá conceder o que você tem buscado – sua esposa de volta!

Aprendendo contentamento. Vemos que precisamos *aprender* contentamento através das circunstâncias difíceis que Deus permitiu. "Não digo isto como por necessidade, porque já **aprendi** a **contentar-me** com o que tenho. Sei estar abatido e sei também ter abundância; em toda a maneira e em todas as coisas **estou instruído**, tanto a ter fartura, como a ter fome; tanto a ter abundância, como a padecer necessidade" (Filipenses 4:11).

Aprendendo obediência. Até mesmo Jesus aprendeu obediência através de Seus sofrimentos. "Ainda que era Filho, *aprendeu* a **obediência**, por aquilo que **padeceu**" (Hebreus 5:8).

Ele nos aperfeiçoará. "Tendo por certo isto mesmo, que aquele que **em vós começou a boa obra** a **aperfeiçoará** até ao dia de Jesus Cristo" (Filipenses 1:6). Uma vez que Ele tenha começado a boa obra em você (e em sua esposa e seus amados), **Ele** a completará. E, por favor, não tente ser o "espírito santo" para sua esposa! Não se engane; julgar sua esposa ou condená-la por suas atitudes nunca fará com que ela se arrependa, nunca!

Nós devemos ser um consolo para os outros. Não devemos meramente receber consolo de Deus – somos orientados a consolar outros, não importa quais sejam suas aflições! "Bendito seja o Deus (...) de toda a consolação; que nos consola em toda a nossa tribulação, para que também possamos **consolar** os que estiverem **em alguma tribulação**, com a consolação com que nós mesmos somos consolados por Deus" (2 Coríntios 1:3-4). O Ministério Restaurar oferece várias formas para você ministrar àqueles que buscam a restauração ou você pode começar a ministrar em sua igreja.

A disciplina de nosso Pai. Muitas vezes nosso sofrimento é disciplina e correção por desobedecermos as Leis de Deus. "Filho meu, não desprezes a **correção** do Senhor, e não desmaies quando por ele fores repreendido. Porque o Senhor **corrige** o que ama, e (disciplina) a *qualquer* que recebe por **filho**. Se **suportais** a **correção**, Deus vos trata como filhos; porque, que filho há a quem o pai não corrija? (...) Além do que, tivemos nossos pais segundo a carne, para nos corrigirem, (...) aqueles, na verdade, por um pouco de tempo, nos **corrigiam** como bem lhes parecia; mas Este, para nosso proveito, para sermos **participantes da Sua santidade**" (Hebreus 12:5-10). Quando uma provação acontecer em seu dia, pergunte-se: 'Isto é Deus me disciplinando ou Ele está me testando para ver como vou reagir?'

A disciplina é uma benção. Nós temos que seguir o exemplo dos profetas da Bíblia para ajudar outros a suportarem suas adversidades. "Meus irmãos, tomai por exemplo de aflição e paciência os profetas que falaram em nome do Senhor. Eis que temos por **bem-aventurados** os que **sofreram**. Ouvistes qual foi a **paciência** de Jó, e vistes o fim que o Senhor lhe deu; porque o Senhor é muito misericordioso e piedoso" (Tiago 5:10-11).

Para receber uma benção. "Mas também, se padecerdes por amor da justiça, sois **bem-aventurados**. E não temais com medo deles, nem vos turbeis" (1 Pedro 3:14). Quando nos fazem mal ou nos insultam, temos que suportar o mal, sem retorná-lo, para recebermos nossa benção. Temos que lembrar que injúrias e males são trazidos para nossas vidas para dar-nos uma "oportunidade" de recebermos uma benção.

1 Pedro 3:9 diz: "Não tornando mal por mal, ou injúria por injúria; antes, pelo contrário, **bendizendo**; sabendo que para isto fostes chamados, para que por herança alcanceis a **bênção**". Se você continua a responder com outro insulto ou outro mal, não espere ser abençoado. Esse é o primeiro passo. Em segundo lugar, você deve pedir ao Senhor para mostrar-lhe como abençoar a outra pessoa que o insultou o fez algum mal contra você, só então você herdará as bênçãos de um casamento restaurado.

A disciplina pode ser pesarosa. A disciplina nunca é alegre quando você está no meio dela. Entretanto, aqueles que foram treinados pela Sua disciplina conhecem as recompensas da justiça - paz e um casamento restaurado. "E, na verdade, toda a **correção**, ao presente, não parece ser de gozo, senão de tristeza, mas depois produz um fruto pacífico de justiça nos **exercitados** por ela" (Hebreus 12:11).

Isto começa com os Cristãos. Porque o sofrimento precisa começar pelos Cristãos? Porque Cristãos desobedientes e pecadores não levam outros a Cristo. Novamente, é a "vontade de Deus" que passemos por sofrimentos. Precisamos nos **permitir** sofrer (geralmente nas mãos de outros, até mesmo nossos próprios cônjuges), confiando nossas vidas a Deus. "Porque já é tempo que **comece** o julgamento pela casa de Deus; e, se primeiro **começa** por nós, qual será o fim daqueles que são desobedientes ao evangelho de Deus? (...) Portanto também os que **padecem** segundo a **vontade de Deus** encomendem-lhe suas almas, como ao fiel Criador, fazendo o bem" (1 Pedro 4:17 e 19).

O poder da nossa fé. É a nossa fé que abre a porta para os milagres. Você precisa acreditar que Ele é capaz de restaurar seu casamento e não duvidar em seu coração. "E Jesus, respondendo, disse-lhes: Tende **fé** em Deus. Porque em verdade vos digo que qualquer que disser a este monte: Ergue-te e lança-te no mar, e **não duvidar em seu coração**, mas **crer** que se fará aquilo que diz, tudo o que disser lhe será feito. Por isso vos digo que todas as coisas que pedirdes, orando, crede receber, e tê-las-eis" (Marcos 11:22-24).

Deus em Sua Palavra disse que *sofreríamos*. "Pois, estando ainda convosco, vos *predizíamos* que havíamos de *ser afligidos*, como sucedeu e vós o sabeis. Portanto, não podendo eu também esperar mais, mandei-o saber da vossa *fé*, temendo que o tentador vos tentasse e o nosso trabalho viesse a ser inútil" (1 Tessalonicenses 3:4-5). O que aconteceu no seu casamento NÃO é um sinal de que ele acabou. É o que Deus usou para chamar a sua atenção e está agora usando para transformá-lo. Não desista! Não deixe Satanás roubar o milagre que Deus tem para você quando tiver perseverado e prevalecido!

Com Deus. "Aos homens é isso impossível, mas a Deus **tudo é possível**" (Mateus 19:26). "Jesus, porém, olhando para eles, disse: Para os homens é impossível, mas não para Deus, porque **para Deus todas as coisas são possíveis**" (Marcos 10:27). Nada (NENHUMA COISA) é impossível para Deus. Trabalhe *com* **Deus**. Não tenha o *seu* plano e espere que Deus o abençoe. Você deve trabalhar *com Deus*. Tenha certeza, Ele tem o plano perfeito.

O que você fala. "...Retenhamos firmemente a nossa confissão" (Hebreus 4:14). "Antes, santificai ao Senhor Deus em vossos corações e **estai sempre preparados** para responder com mansidão e temor a *qualquer que vos pedir* a razão da **esperança que há em vós**" (1 Pedro 3:15). "Eis que o nosso Deus, a quem nós servimos, é que nos **pode livrar**; ele nos livrará da fornalha de fogo ardente, e da tua mão, ó rei. E, **se não**, fica sabendo ó rei, que não serviremos a teus deuses..." (Daniel 3:17).

Devemos falar o que Deus diz em Sua Palavra, sem hesitação, com esperança em nossos lábios. Mas espere ser perguntado para falar sobre a sua esperança. **Virão** perguntar a você, se estiver cheio da alegria do Senhor no meio de sua adversidade! Quando perguntarem sobre sua esperança a respeito de seu casamento, garanta que você responda com mansidão, respeito e gentileza. Nunca use a Bíblia para discutir com ninguém!

Cerque sua mente e esteja fixado. "Portanto, **cingindo** os lombos do vosso entendimento, sêde **sóbrios** e **esperai** inteiramente na graça que se vos ofereceu na revelação de Jesus Cristo" (1 Pedro 1:13). Sobriedade significa pensamento claro. Esteja claro em sua mente o que você realmente acredita, para evitar as consequências da dúvida.

Seja cheio de alegria. Devemos nos alegrar em nossas provações, porque sabemos que produzem a paciência que nos permitirá completar o caminho proposto a nós. "Meus irmãos, tende grande gozo quando cairdes em **várias tentações**, sabendo que a **prova da**

vossa fé opera a **paciência**. Tenha, porém, a **paciência** a sua obra perfeita, para que sejais perfeitos e completos, sem faltar em coisa alguma. E, se algum de vós tem falta de sabedoria, peça-a a Deus, que a todos dá liberalmente e o não lança em rosto, e ser-lhe-á dada. Peça-a, porém, **com fé, em nada duvidando**; porque o que duvida é semelhante à onda do mar, que é levada pelo vento, e lançada de uma para outra parte" (Tiago 1:2-6).

Esteja preparado - a sua fé SERÁ testada! Medo e dúvida vêm à mente de qualquer um, apenas não os acolha! Ao invés, pense apenas coisas boas. Se você duvidar, terá problemas para acreditar e as provações ficarão mais pesadas. E lembre-se, teremos uma "variedade" de provações, algumas maiores e outras meras irritações. Precisamos agradecer a Deus por **todas** as nossas provações. Este é nosso sacrifício de louvor.

Regozijai. "Regozijai-vos sempre no Senhor; outra vez digo, **regozijai**-vos. **Seja a vossa equidade notória a todos os homens**. Perto está o Senhor. Não estejais inquietos por coisa alguma; antes as vossas petições sejam em tudo conhecidas diante de Deus pela oração e súplica, com **ação de graças**. E a paz de Deus, que excede todo o entendimento, guardará os vossos corações e os vossos sentimentos em Cristo Jesus. Quanto ao mais, irmãos, tudo o que é verdadeiro, tudo o que é honesto, tudo o que é justo, tudo o que é puro, tudo o que é amável, tudo o que é de boa fama, se há alguma virtude e **se há algum louvor**, nisso pensai. O que também aprendestes e recebestes, e ouvistes e vistes em mim, **isso fazei**; e o Deus de paz será convosco" (Filipenses 4:4-9).

Claramente a maior parte das batalhas são vencidas ou perdidas na mente. Siga o conselho do Senhor pela paz no meio da provação para ganhar a vitória sobre ela - LOUVE ao Senhor no meio dela! Alegre-se pelo que você SABE que Ele está fazendo. Então, pense nisto, fale disto, ouça somente a isto. Muitas vezes, amigos íntimos ligam para dizer o que sua esposa está para fazer. Estes normalmente não são "bons relatórios" e frequentemente não são amáveis, puros ou verdadeiros – então não ouça!

Se sua esposa tem contato com você, não tente ser amigo dela ouvindo tudo o que ela está fazendo com o seu novo namorado. Muitos homens são erroneamente ensinados que ter esse tipo de "amizade" ganhará suas esposas de volta. Fingir que você não se importa com o fato dela estar com alguém, ou "desejar o melhor para ela" quando ela diz que irá se casar, manda uma mensagem equivocada para ela. Ela deve saber que é livre para ir, mas não faça com que ela acredite que você está feliz com isso.

Fé NÃO é ver. Frequentemente homens e mulheres escrevem para nós porque estão procurando por sinais de melhora em seus casamentos ou na atitude de seus côjuges em relação a eles. Você deve lembrar que a Bíblia é muito clara – fé **não se vê**! Quando outros perguntam a você sobre sua situação, responda: "Louvado seja o Senhor, Deus está trabalhando!"

"Por isso não desfalecemos; mas, ainda que o nosso homem exterior se corrompa, o interior, contudo, se renova de dia em dia. Porque a nossa **leve e momentânea tribulação** produz para nós um peso eterno de glória mui excelente. Não atentando nós nas coisas que se vêem, mas nas que **se não vêem**; porque as que se vêem são **temporais** e as que **se não vêem são eternas**" (2 Coríntios 4:16-18).

Fé é... *não* ver. Quando você está experimentando o que Paulo chama de "leve tribulação", isto pode continuar quebrantando o seu coração e ser MUITO doloroso. Lembre-se da verdade mais importante: estas tribulações serão apenas **momentâneas**! E estas mesmas aflições não são apenas temporárias, estão produzindo algo maravilhoso para você - estão lhe preparando para um novo e maravilhoso casamento. Lembre, o sofrimento é temporário, mas os benefícios durarão pela eternidade! "Ora, a **fé** é o firme fundamento das coisas que se esperam, e a prova das coisas que se NÃO **vêem**" (Hebreus 11:1).

Fé - não pela vista. Muitas pessoas começam a acreditar quando "começam a ver alguma coisa acontecendo", mas isto não é fé! "Porque andamos por fé, e **não por vista**" (2 Coríntios 5:7).

Olhando para nossas circunstâncias. Quando Pedro olhou para suas circunstâncias ele afundou - e você afundará também. "E ele disse: Vem. E Pedro, descendo do barco, andou sobre as águas para ir ter com Jesus. Mas, **(vendo) o vento forte**, teve medo; e, começando a ir para o fundo, clamou, dizendo: Senhor, salva-me! E logo Jesus, estendendo a mão, segurou-o, e disse-lhe: Homem de pouca fé, por que duvidaste?" (Mateus 14:29-31).

Para nosso teste. Provavelmente a lição mais importante em nossa luta por nossas famílias e casamentos é ser capaz de passar no teste - o teste da nossa fé na Sua Palavra - e não ser influenciado pelas emoções ou falsas declarações feitas por outros. "Meus irmãos, tende grande gozo quando cairdes em várias tentações, sabendo que a **prova da vossa fé** opera a paciência. Tenha, porém, a **paciência** a sua obra perfeita, para que sejais perfeitos e completos, sem faltar em coisa alguma" (Tiago 1:2-4). Quando você for aperfeiçoado e seu refinamento completar-se, ENTÃO verá sua esposa de volta para você!

Provado pelo fogo. "Em que vós grandemente vos alegrais, ainda que agora importa, sendo necessário, que estejais por um pouco contristados com várias tentações. Para que a prova da vossa fé, muito mais preciosa do que o ouro que perece e é **provado pelo fogo, se ache em louvor**, **honra** e **glória** na revelação de Jesus Cristo" (1 Pedro 1:6-7).

Muitos falharam em seus testes e continuaram a andar no deserto como o povo de Israel, porque faltou-lhes fé. Eles murmuraram e queixaram-se, o que levou à rebelião. A prova da sua fé, que é um coração cheio de fé e contentamento em sua circunstância ATUAL, é mais preciosa que o ouro.

Mantenha a fé. Não mude para outro plano quando as coisas ficarem difíceis, não comprometa o que você começou a fazer. Satanás é conhecido por trazer novas (e erradas) soluções para nossas provações. Discernir e decidir manter-se no caminho certo é o teste que temos que continuar a passar. "Combati o bom combate, **acabei a carreira, guardei a fé**. Desde agora, a coroa da justiça me está guardada..." (2 Timóteo 4:7-8).

Se você tem andado com o Senhor por algum tempo e está ficando cansado, peça a Deus para enviar outro homem que vá ajudá-lo a não **desistir** de seu compromisso. "Melhor é serem dois do que um, porque têm melhor paga do seu trabalho. Porque se um cair, o outro levanta o seu companheiro; mas ai do que estiver só; pois, caindo, não haverá outro que o levante. Também, se dois dormirem juntos, eles se aquentarão; mas um só, como se aquentará? E, se alguém prevalecer contra um, os dois lhe resistirão; e **o cordão de três dobras não se quebra tão depressa**" (Eclesiastes 4:9-12). Aqui estão alguns exemplos de cordões de três dobras encontrados na Bíblia:

Moisés, Arão e Hur: "Porém as mãos de Moisés eram pesadas, por isso tomaram uma pedra e a puseram debaixo dele, para assentar-se sobre ela; e Arão e Hur sustentaram as suas mãos, um de um lado e o outro do outro; assim ficaram as suas mãos firmes até que o sol se pôs" (Êxodo 17:12). Veja também **Sadraque, Mesaque** e **Abednego** no livro de Daniel, capítulo 3. Você, apenas UM amigo e o Senhor são um PODEROSO cordão de três dobras!!!

Peça a Deus por orientação durante CADA provação. "Confia no SENHOR de todo o teu coração e não te estribes no teu próprio entendimento. Reconhece-o em todos os teus caminhos e Ele endireitará as tuas veredas" (Provérbios 3:5-6).

Vamos clamar a **Ele** por força, chegar-nos mais a **Ele** no tempo de necessidade. Permitamos a **Ele** disciplinar-nos, provar-nos e testar-nos. Alegremo-nos sempre em *todas* **as coisas**, não apenas nas boas, mas também nos problemas que surgem em nosso caminho. Mantenhamos nossa esperança perto de nossos lábios e fiquemos firmes em nossas mentes. Lembremos sempre que é a **vontade de Deus** que enfrentemos estes tempos difíceis e eles são para o nosso bem!

"Regozijando-se de terem sido julgados dignos de padecer afronta pelo nome de Jesus" (Atos 5:41).

"E sabemos que todas as coisas contribuem juntamente **para o bem** daqueles que **amam a Deus**, daqueles que são chamados segundo o **Seu propósito**" (Romanos 8:28).

Compromisso pessoal: considerar como motivo de alegria quando eu passar por várias provações. "Baseado no que aprendi da Palavra de Deus, comprometo-me a permitir o teste da minha fé para ajudar a desenvolver minha perseverança. E permitirei que a perseverança produza seu resultado perfeito, para que eu seja aperfeiçoado e completo, não tendo falta de nada".

Data: _____ Assinatura:_____

Uma Referência Rápida para Provações e Tribulações

Deus é o Único no controle, não o homem e NÃO o diabo!

1. A Justiça vem do **Senhor** (Provérbios 29:26).
2. A Resposta vem do **Senhor** (Provérbios 16:1).
3. Coração é direcionado pelo **Senhor** (Provérbios 21:1).
4. Suas Obras estão nas mãos de **Deus** (Eclesiastes 9:1).
5. **Deus** fez isto (Salmos 44:9-15).
6. **Deus** levanta o vento tempestuoso (Salmos 107:1-32).
7. **Deus** removeu o companheiro e amigo (Salmos 88:18).

O que nossas Provações fazem POR nós?

1. O poder de Cristo habitará em nós (2 Coríntios 12:9-10).
2. Nós aprenderemos a estarmos contentes (Filipenses 4:9).
3. Receberemos uma recompensa (2 Timóteo 4:7-19).
4. Não teremos falta de nada (Tiago 1:2-4).
5. Ele nos capacitará a consolar outros (2 Coríntios 3:1-4).
6. Ele aperfeiçoará o que começou em nós (Filipenses 1:6-13).
7. Nós teremos nossos amados de volta (Filemon 1:15).
8. Alcançaremos misericórdia (Hebreus 4:15).
9. Aprenderemos obediência (Hebreus 5:7-8).
10. Produzirão paciência (Tiago 1:2-4).
11. Receberemos a coroa da vida (Tiago 1:12).
12. Provaremos nossa fé (1 Pedro 1:6-7).
13. Seguiremos os passos de Jesus (1 Pedro 2:21).
14. Seremos co-participantes de Seus sofrimentos (1 Pedro 3:13).
15. Seremos aperfeiçoados, confirmados, fortalecidos e estabelecidos (1 Pedro 5:10).

—————— Capítulo 5 ——————

Seu Primeiro Amor

"Tenho, porém, contra ti que
deixaste o teu primeiro amor."
Apocalipse 2:4

Você deixou o seu primeiro amor? Quem é o seu primeiro amor? Sua esposa era o seu primeiro amor? Eram os esportes ou um hobby? Ou sua carreira vinha em primeiro lugar? Quem ou o que realmente é o **primeiro** em sua vida? "Quem ama o pai ou a mãe mais do que a mim não é digno de mim e quem ama o filho ou a filha mais do que a mim não é digno de mim" (Mateus 10:37). A Bíblia diz em Apocalipse 2:4 "Tenho, porém, contra ti que deixaste o teu **primeiro amor**".

O que nosso Senhor está nos dizendo? Está dizendo que, sempre que colocamos alguém ou alguma coisa acima de nosso amor ou de nosso relacionamento com Ele, então não somos dignos de Seu Amor.

Busque primeiro. Você deve colocar o Senhor no topo de suas prioridades, como o primeiro em seu dia e em seu coração. "Mas, **buscai primeiro** o reino de Deus e a Sua justiça, e todas estas coisas vos serão acrescentadas" (Mateus 6:33). Quando o Senhor foi o primeiro em sua vida?

Trapos imundos. Pergunte-se estas questões: As coisas que eu coloco como prioridades têm valor eterno? O que faço hoje ajudará a ampliar o Seu reino? Estou buscando a Sua justiça ou tentando exibir minha própria justiça? Lembre-se, a nossa justiça é como um **trapo imundo**! (Isaías 64:6).

O que acontece quando você põe alguém acima do Senhor? O que Ele faz para atraí-lo de volta para Ele? Se você colocou sua esposa acima do Senhor, então foi o Senhor que a tirou de você. "Alongaste (afastaste) de mim os meus conhecidos, puseste-me em extrema abominação para com eles. Estou fechado e não posso sair. (...) Desviaste para longe de mim amigos e companheiros, e os meus conhecidos estão em trevas" (Salmos 88:8 e 18). E não coloque a restauração de seu casamento como a prioridade da sua vida, você *deve* colocar o Senhor como a prioridade da sua vida!

"Se Você Me Ama... Obedeça"

Depois de você colocar a Deus em primeiro lugar em sua vida, deve então se afastar da falsa doutrina que diz que "você foi salva pela Graça, então está TUDO BEM em pecar, porque não está mais debaixo da Lei". Vamos pesquisar as Escrituras:

Suas obras negam ao Senhor? "Confessam que conhecem a Deus, mas **negam-no com as obras,** sendo abomináveis, e desobedientes, e reprovados para toda a boa obra" (Tito 1:16).

Você faz o que Sua Palavra diz? "E por que Me chamais, Senhor, Senhor, e não fazeis o que Eu digo?" (Lucas 6:46).

Permaneceremos no pecado. "Que diremos pois? **Permaneceremos no pecado**, para que a graça abunde? De modo nenhum. Nós, que estamos mortos para o pecado, como viveremos ainda nele? (...) Pois que? Pecaremos porque não estamos debaixo da lei, mas debaixo da graça? De modo nenhum" (Romanos 6:1-2,15).

Fé sem obras é morta. "Meus irmãos, que aproveita se alguém disser que tem fé e não tiver as obras? Porventura a fé pode salvá-lo? (...) Porque, assim como o corpo sem o espírito está morto, assim também **a fé sem obras é morta**" (Tiago 2:14,26). As boas obras são os 'frutos' da nossa salvação. Estas são as perguntas que devemos fazer a nós mesmos:

Minhas obras negam que sigo a Jesus?

A graça me concede permissão para pecar?

Devo, como um crente, produzir boas obras?

Eu nunca o conheci. Muitos acreditam que você pode viver do jeito que quiser e então entrar no Paraíso quando morrer. Isto é verdade? "Muitos Me dirão naquele dia: Senhor, Senhor, não profetizamos nós em Teu nome? E em Teu nome não expulsamos demônios? E em Teu nome não fizemos muitas maravilhas? E então lhes direi abertamente: **Nunca vos conheci**; apartai-vos de Mim, vós que praticais a iniqüidade" (Mateus 7:22-23). Portanto, a resposta é 'não'!

Confesse seus pecados. Se esta é a mentalidade que você tinha, antes de ler estas passagens Bíblicas, faça como a Bíblia diz: "**Confessai as vossas culpas** uns aos outros, e orai uns pelos outros, para que sareis" (Tiago 5:16).

Obediência a Sua Palavra

Busque Sabedoria! "A **sabedoria** clama lá fora; pelas ruas levanta a sua voz. Nas esquinas movimentadas ela brada; nas entradas das portas e nas cidades profere as suas palavras: Até quando, ó simples, amareis a simplicidade? E vós escarnecedores, desejareis o escárnio? E vós insensatos, odiareis o conhecimento? **Atentai para a minha**

repreensão; pois eis que **vos derramarei abundantemente do meu espírito** e vos farei saber as minhas palavras". (Provérbios 1:20-23)

"Entretanto, porque eu clamei e recusastes; e estendi a minha mão e não houve quem desse atenção, antes rejeitastes todo o meu conselho, e não quisestes a minha repreensão, também de minha parte **eu me rirei na vossa perdição e zombarei, em vindo o vosso temor**. Vindo o vosso temor como a assolação, e vindo a vossa perdição como uma tormenta, sobrevirá a vós aperto e angústia". (Provérbios 1:24-27)

"Então clamarão a mim, mas eu não responderei; de madrugada me buscarão, porém não me acharão. **Porquanto odiaram o conhecimento; e não preferiram o temor do SENHOR.** Não aceitaram o meu conselho, e desprezaram toda a minha repreensão. Portanto comerão do fruto do seu caminho, e fartar-se-ão dos seus próprios conselhos. Porque o erro dos simples os matará, e o desvario dos insensatos os destruirá. **Mas o que me der ouvidos habitará em segurança, e estará livre do temor do mal**" (Provérbios 1:28-33). Busque a sabedoria!

A obediência vem do *coração*. "...Obedecestes de **coração** à forma de doutrina a que fostes entregues" (Romanos 6:17). E novamente: "Porque o Senhor não vê como vê o homem, pois o homem vê o que está diante dos olhos, porém o Senhor olha para o coração" (1 Samuel 16:7).

A obediência necessita de *teste*. "Amados, não estranheis a ardente prova que vem sobre vós para vos **tentar**" (1 Pedro 4:12). A obediência *purifica* a sua alma. "**Purificando as vossas almas** pelo Espírito na obediência à verdade..." (1 Pedro 1:22).

A obediência dá *testemunho* **de quem seu Pai é.** "Mas isto lhes ordenei, dizendo: Dai ouvidos à Minha voz, e Eu serei o vosso Deus, e vós sereis o Meu povo; e andai em todo o caminho que Eu vos mandar, para que vos vá bem. Mas não ouviram, nem inclinaram os seus ouvidos, mas andaram nos seus próprios conselhos, no propósito do seu coração malvado; e andaram para trás, e não para diante" (Jeremias 7:23-24).

Sua desobediência louva o ímpio. "Os que deixam a lei louvam **o ímpio**; porém os que guardam a lei contendem com eles" (Provérbios 28:4). As orações dos desobedientes não são ouvidas. "O que desvia os seus ouvidos de ouvir a lei, até a sua oração será abominável" (Provérbios 28:9).

Nosso Exemplo de Obediência é Jesus

Ele foi obediente *até à morte*. "Cristo Jesus (...) humilhou-se a si mesmo, sendo obediente até à morte, e morte de cruz" (Filipenses 2:5-11). "Ainda que era Filho, *aprendeu a obediência*, por aquilo que padeceu" (Hebreus 5:7-10).

Ele foi obediente e submisso a Sua autoridade. "(Cristo) prostrou-se sobre o seu rosto, orando e dizendo: Meu Pai, se é possível, passe de Mim este cálice; todavia, **não seja como Eu quero**, mas como Tu queres. (...) E, indo segunda vez, orou, dizendo: Pai Meu, se este cálice não pode passar de Mim sem Eu o beber, **faça-se a Tua vontade**" (Mateus 26:39,42).

Você está em submissão à sua autoridade? "Mas quero que saibais que Cristo é a cabeça de todo o homem e o homem a cabeça da mulher; e Deus a cabeça de Cristo" (1 Coríntios 11:3). Se você é como muitos homens Cristãos, você é rápido em apontar para a falta de submissão de sua esposa. Mas você está dando um bom exemplo de submissão à sua autoridade, que é Cristo? Você O segue e O busca? Você O obedece em Seus mandamentos de dizimar, liderar espiritualmente a sua família e na forma que você trata (ou tratava) a sua esposa (como o vaso mais fraco, de um forma compreensiva)?

O segredo para o sucesso. "Todas as veredas do Senhor são misericórdia e verdade para *aqueles que guardam a Sua aliança e os Seus testemunhos*. Por amor do Teu nome, Senhor, perdoa a minha iniquidade, pois é grande. Qual é o homem que teme ao Senhor? Ele o ensinará no caminho que deve escolher. A sua alma pousará no bem e a sua semente herdará a terra. O **segredo do Senhor** é com **aqueles que O temem**" (Salmos 25:10-14). A única forma de tratar a sua esposa com a misericórdia devida a ela é temendo ao Senhor. Esse é o segredo que pouquíssimos homens sabem. Pois se um homem possui um temor verdadeiro e genuíno por Deus, então ele é um verdadeiro seguidor da Palavra e de Cristo.

Por si mesma condenada. Infelizmente, a maioria dos homens discute e argumenta sobre o verdadeiro significado das Escrituras, perdendo as bênçãos de uma vida completamente devotada ao Senhor. "Evite, porém, controvérsias tolas, genealogias, discussões e contendas a respeito da lei, porque essas coisas são inúteis e sem valor. Quanto àquele que provoca divisões, advirta-o uma e duas vezes. Depois disso, rejeite-o. Você sabe que tal pessoa se perverteu e está em pecado; **por si mesma está condenada**". (Tito 3:9-11).

Voltando às fábulas. Ao invés de procurar pela verdade, muitos querem que outros concordem com suas ideias ou decisões erradas: "Mas, tendo comichão nos ouvidos, amontoarão para si doutores conforme as suas próprias concupiscências. E desviarão os ouvidos da verdade, **voltando às fábulas**" (2 Timóteo 4:3-4).

Obediência a Sua Palavra. "Não sejais como o cavalo, nem como a mula, que não têm entendimento, cuja boca precisa de cabresto e freio para que não se cheguem a ti" (Salmos 32:9). Se você não obedece, Ele irá discipliná-lo. "Não morrerei, mas viverei; e contarei as obras do Senhor. O Senhor **me castigou (disciplinou)** muito, mas não me entregou à morte" (Salmos 118:17-18). Não perca o seu tempo olhando para os erros de sua esposa e culpando-a pelos problemas no casamento, é a VOCÊ que Ele está disciplinando, inclinando o coração dela para longe de você. Essa é a razão da indiferença dela para com você.

Deus é fiel a Sua Palavra. "Se os seus filhos deixarem a Minha lei, e não andarem nos Meus juízos, se profanarem os Meus preceitos, e não guardarem os Meus mandamentos; então visitarei a sua transgressão com a vara e a sua iniquidade com açoites" (Salmos 89:30-32). Se você continuar em rebelião contra a Palavra de Deus ou contra a sua autoridade, Jesus Cristo, que foi manso e humilde, Deus continuará a puni-lo.

Mantenha os seus Olhos Focados no Senhor

A Quem você está tentando agradar? Você deve tentar agradar *ao Senhor*, ao invés de sua esposa ou qualquer outra pessoa em sua vida. "Sendo os caminhos do homem agradáveis ao Senhor, até a seus inimigos faz que tenham paz com ele" (Provérbios 16:7). "Deleita-te também no SENHOR; e te concederá os desejos do teu coração" (Salmos 37:4).

A verdade é, quando você faz o que é certo segundo os padrões do Senhor, você verá o coração de sua esposa sendo inclinado de volta para você. Contudo, se você não está começando a notar uma atmosfera mais pacífica quando conversa com ela, então ou você ainda está preocupado e obsecado por ela, ou você está abrigando um espírito de superioridade moral.

Por que não *tentar* agradar sua esposa? Essa foi o primeiro erro cometido pelo homem. Vamos olhar para alguns fatos nas Escrituras. "Quando a mulher viu que a árvore parecia agradável ao paladar, era atraente aos olhos e, além disso, desejável para dela se obter discernimento, tomou do seu fruto, comeu-o **e o deu** a seu marido, que comeu também". (Gênesis 3:6). Por que Adão iria comer o fruto se ele sabia que isso seria errado?

O Homem pecou intencionalmente. É importante notar que *a mulher não tinha sido criada* até Gênesis 2:22, cinco versos depois. Nós nunca vimos Deus instruir Eva diretamente. A questão é que Eva foi enganada. Adão pecou intencionalmente.

A Mulher foi criada para o homem. Deus deu a Adão o domínio sobre todas as criaturas viventes no jardim, incluindo Eva. Eva foi criada para Adão, e não ao contrário. "...além disso, o homem não foi criado por causa da mulher, mas a mulher por causa do homem". (1 Coríntios 11:9). "Então o Senhor Deus declarou: 'Não é bom que o homem esteja só; farei para ele alguém que o auxilie e lhe corresponda'". (Gênesis 2:18).

Adão não impediu que Eva fosse adiante, apesar de *estar* **com** ela. "...*e o deu* a seu marido, que comeu também". (Gênesis 3:6). Por que? Por que ele também comeu? Será que foi porque Adão estava tentando agradar sua esposa?

Por que ele não a impediu de continuar? Ele apenas queria deixá-la fazer o que ela quisesse mesmo sabendo eu seu coração que isso estava errado? E você? Você faz certas coisas apenas para agradar sua esposa, sem ao menos considerar o que Deus pensa sobre isso? Quantas vezes você deixou sua esposa (ou seus filhos) fazerem coisas que em seu coração você sabia que estava errado? As consequências são que agora ela pode estar em profundo pecado e longe de sua proteção e autoridade.

Contudo, não permita que essa verdade leve-o a se inflar como se fosse o superior, e achar que uma atitude de controle e agressividade deva ser tomada. Essas revelações devem colocá-lo em uma atitude de humildade enquanto você medita sobre como você falhou ao liderar e proteger a sua esposa, e agora se vê na situação em que você está hoje.

O que Adão fez quando tudo deu errado? Quando confrontado por Deus após ter pecado, o que Adão fez? "Disse o homem: 'Foi a mulher que me deste por companheira que me deu do fruto da árvore, e eu comi'". (Gênesis 3:12). Ele colocou a culpa em Eva. O erro foi dela! O ponto principal foi que ele também culpou Deus! Bem, não há dúvida que Eva errou ao comer o fruto. Mas por que ela não foi culpada pela queda do homem se ela comeu o fruto primeiro e depois deu a Adão? Por que o pecado não foi transferido para ela?

"Portanto, da mesma forma como o pecado entrou no mundo por um homem, e pelo pecado a morte, assim também a morte veio a todos os homens, porque todos pecaram..." (Romanos 5:12). Da mesma forma, foi através do SEU pecado, que o pecado entrou em *sua* casa. Foi o seu pecado da ira? Foi o seu pecado da negligência? Ou foi o seu pecado da satisfação dos seus próprios desejos? Se você tivesse sido um marido adequado, líder espiritual, e o homem bondoso que você deveria ter sido, você acredita que estaria na posição que está hoje?

Eva foi enganada, mas Adão sabia. Adão foi, no fim das contas, responsável e culpado diante de Deus pelo pecado cometido, e não Eva. "E ao homem declarou: 'Visto que você *deu ouvidos à sua mulher* e comeu do fruto da árvore da qual *eu lhe ordenara que não comesse...*'" (Gênesis 3:17). No papel de homens, nós somos os responsáveis por nossos casamentos e famílias.

Não importa o que sua esposa está fazendo agora ou o que ela fez no passado; você deve ser responsabilizado. É crucial que você absorva essa forma de pensar e direcione o seu olhar de culpa para dentro de si; pois somente então você começará a ser o homem de Deus e ganhar de volta o amor e a confiança de sua esposa.

Você é o protetor de sua esposa. Homens, Deus os colocou acima de suas esposas para a proteção delas, não para que vocês sejam controladores, ameaçadores, ou para que as usem para o seu prazer!

A mulher foi enganada; porém, Deus sabia que era suscetível aos esquemas enganosos de Satanás. Então, Ele determinou que o homem dominasse sobre ela. "À mulher, ele declarou: 'Multiplicarei grandemente o seu sofrimento na gravidez; com sofrimento você dará à luz filhos. Seu desejo será para o seu marido, e ele a dominará'". (Gênesis 3:16). E também, podemos ver que, a punição da mulher não que ela teria filhos; mas que ela deveria sentiria *dor* quando fosse dar à luz.

A punição da mulher não foi ter o seu marido dominando sobre ela como as feministas nos fazem acreditar. Entretanto, quando um marido não demonstra um amor Cristão por sua esposa ou ele permite que o pecado tenha fortalezas em sua vida, então ele pode tornar-se uma maldição na vida da esposa.

"*E Adão não* foi **enganado**, mas sim a *mulher*, que, tendo sido **enganada**, tornou-se transgressora". (1 Timóteo 2:14). Você falhou ao proteger sua esposa? Você a deixou totalmente exposta ao engano devido ao seu tratamento hostil dado a ela? Então arrependa-se!

Mas não cometa o erro de dizer-lhe que ela está sendo enganada. Quando uma pessoa está realmente sendo enganada ela não consegue discernir o que é certo e o que é errado. Confrontá-la irá afastá-la ainda mais de você e de Deus. A essa altura, você gastaria melhor o seu tempo tentando descobrir como se tornar um homem de Deus e um melhor marido. Use a oração para proteger a sua esposa e mudar a situação em que ela se encontra.

Proteção Espiritual

Mulheres na igreja. "...permaneçam as mulheres em silêncio nas igrejas, pois não lhes é permitido falar; antes permaneçam em submissão, como diz a lei. Se quiserem *aprender alguma coisa*, que perguntem **a seus maridos** em casa; pois é vergonhoso uma mulher falar na igreja". (1 Coríntios 14:34-35). Por que as igrejas e os seminários Cristãos parecem atrair mais mulheres do que homens? Primeiramente é porque as mulheres tem um profundo desejo por coisas espirituais e seus maridos não estão cumprindo com suas obrigações em ajudá-las a suprir essa necessidade.

Os homens não devem ser os líderes? Se os homens estão deixando as igrejas e as coisas espirituais pertinentes à família, então eles estão *realmente* liderando suas famílias?

Você é capaz de responder as questões espirituais de sua esposa? Talvez sua esposa não faça nenhuma pergunta devido ao pobre exemplo que você tem dado como um líder Cristão. Você é tão bem versado na Bíblia como sua mulher é? Você gastou o mesmo tempo para buscar as coisas de Deus quanto você tem gasto com outras coisas que lhe interessam?

Conquistam a mulher sobrecarregada. "São estes os que se introduzem pelas casas e *conquistam* **mulherzinhas sobrecarregadas** de pecados, as quais se deixam levar por toda espécie de desejos. Elas estão **sempre aprendendo**, mas não conseguem nunca de chegar ao conhecimento da verdade". (2 Timóteo 3:6-7). Certamente há coisas que sua esposa precisa aprender com outras mulheres, com uma mulher mais velha, tais como as coisas que estão no livro de Tito, mas o que você tem ensinado a ela através de seu exemplo?

Mulher frágil? Você sabia que na Palavra de Deus é dito em 1 Pedro 3:7 que, "Do mesmo modo vocês, maridos, sejam *sábios* no convívio com suas mulheres e tratem-nas com honra, como **parte mais frágil** e co-herdeiras do dom da graça da vida..." Você tratou sua esposa como parte mais frágil ou você a tratou com grosseria e crueldade? A Palavra de Deus diz que os homens devem viver com suas esposas de uma forma diferente, de uma forma compreensiva, como um vaso mais fraco, já que ela é mulher. Você teve tempo de ouvira sua mulher compartilhar os pensamentos que estavam em seu coração?

Ou ela parou de abrir o coração para você, pois o que ela dizia entrava por um ouvido e saía pelo outro? Um ouvido tão amargurado onde não havia bondade, simpatia ou compreensão para responder ao seu choro profundamente sofrido?

Tratem-nas com honra e co-herdeiras do dom da graça da vida.
Você tratou sua esposa como um cidadão de segunda categoria no Reino de Deus? Você agiu de forma arrogante enquanto líder de seu lar? Então você precisa ler todo o verso a que estamos nos referindo. "Do mesmo modo vocês, maridos, sejam sábios no convívio com suas mulheres e tratem-nas com *honra*, como parte mais frágil e co-herdeiras do dom da graça da vida, de forma que não sejam interrompidas as suas orações". (1 Pedro 3:7). Deus é tão inflexível sobre como um marido deve tratar sua esposa que Ele determina uma punição para o marido que falhar em tratar sua esposa de forma apropriada: as suas orações será interrompidas. As suas recentes orações tem sido respondidas? Se não, então é hora de olhar com seriedade para o seu relacionamento com sua esposa.

A verdade é que, o destino de todo o seu lar está sobre você. Não tente tirar a trave do olho de sua esposa, se concentrando nos defeitos dela. Se você for um marido paciente, gentil e compreensivo da forma que você deve ser com sua esposa, ela voltará para você em um instante. Deus a criou com um desejo por você! É dito em Gênesis 3:16, Deus falando para a esposa, "... seu desejo será para o seu marido..." Sua esposa foi criada com um desejo de estar com você. Entretanto, se ela for tratada de uma forma agressiva ao invés de "uma forma compreensiva, como um vaso mais fraco, já que é mulher", então você verá morrer o desejo de seu coração por você; tornando-a vulnerável à afeição de outro.

É hora de orar o Salmo 51 em alta voz:

"Lava-me completamente da minha iniquidade, e purifica-me do meu pecado. Porque eu conheço as minhas transgressões, e o meu pecado está sempre diante de mim. Contra Ti, contra Ti somente pequei, e fiz o que é mal à Tua vista. (...) Cria em mim, ó Deus, um coração puro, e renova em mim um espírito reto. Não me lances fora da Tua presença, e não retires de mim o Teu Espírito Santo. Torna a dar-me a alegria da Tua salvação, e sustém-me com um espírito voluntário. Então ensinarei aos transgressores os Teus caminhos, e os pecadores a Ti se converterão. (...) Os sacrifícios para Deus são o espírito quebrantado; a um coração quebrantado e contrito não desprezarás, ó Deus" (Salmos 51:2-4, 10-13 e 17).

Que Deus esteja com você, enquanto se esforça para ser mais semelhante a Cristo!

Compromisso pessoal: colocar a Deus em primeiro lugar em minha vida. "Baseado no que aprendi da Palavra de Deus, comprometo-me a fazer tudo como se fosse para o Senhor. Vou mostrar ao Senhor meu comprometimento a Ele e minha obediência a Sua Palavra, ao submeter-me àqueles que estão em autoridade sobre mim, especialmente meu Senhor e Salvador, Jesus Cristo, seguindo Seu exemplo. Eu irei tratar a minha esposa como um vaso mais fraco, de uma forma compreensiva, já que ela é uma mulher, tratando-a com honra, ao invés de um cidadão de segunda classe, de forma que não sejam interrompidas as minhas orações".

Data: _____ Assinatura:_____

Capítulo 6

Homem Zangado

*"Melhor é o homem paciente
do que o guerreiro,
mais vale controlar o seu espírito
do que conquistar uma cidade."*
Provérbios 16:32

Pergunte-se: "Eu sou um homem zangado?"

Se você respondeu "não", e se alguém perguntasse à sua esposa, aos seus filhos, ou às pessoas do seu trabalho se você é um homem zangado, eles também responderiam "não"? A ira é mencionada 266 vezes na Bíblia. A maioria dessas referências é sobre a ira de Deus em relação àqueles que pecaram repetitivamente sem se arrependerem. Usando o verso em Efésios 4:26, nós temos ouvido vários pregadores dizerem que nós devemos nos irar. Isso é verdade? Vamos buscar em Sua Palavra a sabedoria de Deus em ralação à ira.

Homem Zangado

Caim Zangado. Há vários relatos nas Escrituras sobre homens zangados e as consequências sofridas por aqueles que não conseguiram dominar a sua ira. Esses homens tentaram "elevar-se" de sua raiva. Satanás os enganou, pois para dominar a ira, primeiro você deve *curvar-se* com humildade. "... mas para Caim e para a sua oferta não atentou. E **irou**-se Caim fortemente, e descaiu-lhe o semblante. E o Senhor disse a Caim: Por que te iraste? E por que descaiu o teu semblante? Se bem fizeres, não é certo que serás aceito? E se não fizeres bem, o pecado jaz à porta, e sobre ti será o seu desejo, mas sobre ele deves dominar". (Gênesis 4:5-7). Foi o orgulho de Caim que o fez ter inveja e irar-se com seu irmão.

Moisés

Moisés Zangado. Moisés foi um homem que Deus usou grandemente; mesmo assim, foi a sua ira que frequentemente ficou em seu caminho. "Eles, porém, não deram ouvidos a Moisés... por isso indignou-se Moisés contra eles". (Êxodo 16:20). Muitas vezes ele irou-se por causa da desobediência e iniquidade daqueles que ele conduzia à Terra Prometida. Você já se irou com as pessoas que você deveria liderar? "O homem irado provoca brigas, e o de gênio violento comete muitos pecados". (Provérbios 29:22).

"Quando **Moisés**... **irou-se** contra Eleazar e Itamar, os filhos de Arão que ficaram vivos". (Levítico 10:16).

"**Moisés indignou-se** e disse ao Senhor: 'Não aceites a oferta deles. Não tomei deles nem sequer um jumento, nem prejudiquei a nenhum deles'". (Números 16:15).

"Mas **Moisés indignou-se** contra os oficiais do exército..." (Números 31:14).

"Quando **Moisés** aproximou-se do acampamento e viu o bezerro e as danças, **irou-se** e *jogou* as tábuas no chão, ao pé do monte, quebrando-as". (Êxodo 32:19).

Homens, você já jogaram alguma coisa quando estava com raiva? Não cometa o erro de usar a ira de Moisés como desculpa para a sua própria ira. A verdade é que Deus o *usou* grandemente *apesar de* sua fraqueza nessa área, mas se você justificar o pecado em sua vida, você estará se colocando em uma posição perigosa.

Escravos do pecado. Você é um escravo do pecado? "Não sabem que, quando vocês se oferecem a alguém para lhe obedecer como escravos, tornam-se escravos daquele a quem obedecem: escravos do pecado que leva à morte, ou da obediência que leva à justiça?" (Romanos 6:16).

Sim, Moisés foi usado grandemente, mas a sua ira o fez perder a bênção de entrar na Terra Prometida.

Pois **todos compareceremos.** "Portanto, você, por que julga seu irmão? E por que despreza seu irmão? Pois todos compareceremos diante do tribunal de Deus". (Romanos 14:10).

Jonas

Jonas Zangado. "Mas **Jonas** ficou profundamente descontente com isso e **enfureceu-se**". (Jonas 4:1). "O Senhor lhe respondeu: 'Você tem alguma razão para essa fúria?'" (Jonas 4:4). Após se acalmar, você não se surpreende quando percebe o quanto foi estúpido ao ficar com raiva de algo tão pequeno e insignificante?

"Mas Deus disse a Jonas: 'Você tem alguma razão para estar tão **furioso** por causa da planta?' Respondeu ele: '**Sim**, tenho! E estou **furioso** a ponto de querer morrer'". (Jonas 4:9). Você já teve uma boa razão para ficar furioso; furioso com sua esposa, com seus filhos, com o seu trabalho?

O que Jesus diz sobre enfurecer-se? "Mas eu lhes digo que *qualquer* que se irar contra seu irmão estará sujeito a julgamento. Também, qualquer que disser a seu irmão: 'Racá', será levado ao tribunal. E qualquer que disser: 'Louco! ', corre o risco de ir para o fogo do inferno". (Mateus 5:22). Jesus estava falando de ira apenas contra um irmão? Não. Ele estava falando sobre irar-se com *qualquer* pessoa, até mesmo sua esposa ou seus filhos. Isso significa que a ira nos torna culpados o suficiente para irmos para o inferno?

Sim, nos torna. Mas como Cristãos, se nos arrependermos, Cristo nos salvas das consequências dos nossos pecados.

"Se confessarmos os nossos pecados, Ele é fiel e justo para nos perdoar os pecados e nos purificar de toda a injustiça" (1 João 1:9). O verso diz "se" confessarmos. A questão então é, você tem confessado o seu pecado de ira ao Senhor, o *seu* Salvador? Você tem confessado àqueles a quem você tem ofendido? "Racá" é a palavra que significa "sem valor" em Grego. Você já disse para sua mulher ou seus filhos, em outras palavras, que eles não tem valor? Então você é culpado ao ponto do fogo do inferno, a não ser que se arrependa. Se você acha que perderá o respeito ao pedir o perdão deles, tente e veja. Eles lhe darão o respeito que você tem desejado há muito tempo.

Manifestações de ira. "Pois temo que, ao visitá-los, não os encontre como eu esperava, e que vocês não me encontrem como esperavam. Temo que haja entre vocês brigas, invejas, **manifestações de ira**, divisões, calúnias, intrigas, arrogância e desordem." (2 Coríntios 12:20). O que os seus irmãos em Cristo encontrarão se eles entrarem em *seu* lar ou escritório repentinamente?

Instruído a irar-se? Conforme falamos, temos ouvido pregadores usarem o seguinte verso para dizer àqueles que querem ter comichões nos ouvidos que eles na verdade são **instruídos** a ficarem com raiva. Tirando do contexto, isso parece ser verdade. "Mas, ao buscar pela verdade, precisamos ler o verso inteiro. 'Quando vocês ficarem irados, não pequem'. **Apazigüem a sua ira antes que o sol se ponha, e não dêem lugar ao diabo**... Nenhuma palavra torpe saia da boca de vocês, mas apenas a que for útil para edificar os outros, conforme a necessidade, para que conceda graça aos que a ouvem. **Não entristeçam o Espírito Santo** de Deus, com o qual vocês foram selados para o dia da redenção. Livrem-se de toda amargura, indignação e ira, gritaria e calúnia, bem como de toda maldade. **Sejam bondosos e compassivos uns para com os outros,**

perdoando-se mutuamente, assim como Deus perdoou vocês em Cristo. A raiva é uma reação natural quando alguém nos ofende, ou devemos dizer, uma *reação carnal*. Mas como seguidores de Cristo, nos é pedido que andemos no Espírito!" "Digo, porém: Andai em Espírito, e não cumprireis a concupiscência da carne." (Gálatas 5:16).

Vivam em amor. "Portanto, sejam imitadores de Deus, como filhos amados, e vivam em amor, como também Cristo nos amou e se entregou por nós como oferta e sacrifício de aroma agradável a Deus". (Efésios 5:1-2).

Família dispersa. "Maldita seja a sua ira, tão tremenda, e a sua fúria, tão cruel! Eu os dividirei pelas terras de Jacó e os dispersarei em Israel" (Gênesis 49:7). A sua família está dispersa? Os seus filhos saem ou vão para a casa de amigos, pois eles têm medo de sua raiva quando então em casa? Os seus adolescentes ou jovens adultos se foram por causa de sua ira? "Pais, não irritem seus filhos; antes criem-nos segundo a instrução e o conselho do Senhor". (Efésios 6:4).

Tardio para Irar-se

Deus nos diz que Ele é tardio para irar-se. "O Senhor é **longânimo**, e **grande em misericórdia**..." (Números 14:18). "O Senhor é misericordioso e compassivo, **paciente** e **transbordante de amor**". (Salmos 145:8).

Você é paciente ou se ira rapidamente? Deus descreve a diferença entre um homem que segue a Deus e um homem que não O segue. "O homem **paciente** dá prova de grande entendimento, mas o **precipitado revela insensatez**". (Provérbios 14:29). Você revela insensatez? Se você é precipitado, então você é insensato.

Você provoca dissensão ou acalma a discussão? "O homem irritável provoca dissensão, mas quem é paciente acalma a discussão". (Provérbios 15:18).

Você é melhor que o guerreiro? "**Melhor é o homem paciente do que o guerreiro**, mais vale controlar o seu espírito do que conquistar uma cidade". (Provérbios 16:32).

A ira do homem não produz a justiça de Deus. "Sejam todos prontos para ouvir, tardios para falar e tardios para irar-se, pois a ira do homem não produz a justiça de Deus". (Tiago 1:19-20).

Como Alcançar o Controle de Sua Raiva

Sendo prudente. "A **prudência** do homem faz **reter a sua ira**, e é glória sua o passar por cima da transgressão". (Provérbios 19:11). Como você alcança a prudência? "Eu, **a sabedoria**, habito com a **prudência**, e acho o conhecimento dos conselhos". (Provérbios 8:12).

Obtendo sabedoria. "Os zombadores agitam a cidade, mas os **sábios** a **apaziguam**". (Provérbios 29:8). Onde você encontra a sabedoria? No temor ao SENHOR. "O **temor do Senhor** é o princípio da **sabedoria**..." (Salmos 111:10). "O **temor do Senhor** é o princípio da **sabedoria**..." (Provérbios 9:10).

Esse é você em sua casa? "O **medo** que o rei provoca é como o do rugido de um leão; quem o **irrita** *põe em risco a própria vida*". (Provérbios 20:2).

Raiva produz contenda. "Pois assim como bater o leite produz manteiga, e assim como torcer o nariz produz sangue, também suscitar **a raiva produz contenda**." (Provérbios 30:33). A raiva está constantemente surgindo dentro de você? Todos devem andar "pisando em ovos" pois você pode explodir a qualquer momento?

"Melhor é um pedaço de pão seco com paz e tranquilidade do que uma casa onde há banquetes, e muitas **brigas**." (Provérbios 17:1).

Você tem "praticado" as obras da carne ou os frutos do Espírito?
"Ora, **as obras da carne** *são manifestas*: imoralidade sexual, impureza e libertinagem; idolatria e feitiçaria; ódio, discórdia, ciúmes, **ira**, egoísmo, **dissensões**, facções e inveja; embriaguez, orgias e coisas semelhantes. Eu os advirto, como antes já os adverti, que **os que praticam essas coisas não herdarão o Reino de Deus**. Mas o fruto do Espírito é amor, alegria, paz, paciência, amabilidade, bondade, fidelidade, mansidão e domínio próprio. Contra essas coisas não há lei." (Gálatas 5:19-23).

Você pratica os frutos do Espírito, ou você gasta o seu tempo praticando a sua raiva? "Nem todo aquele que me diz: 'Senhor, Senhor', entrará no Reino dos céus, mas apenas aquele que faz a vontade de meu Pai que está nos céus. Muitos me dirão naquele dia: 'Senhor, Senhor, não profetizamos nós em teu nome? Em teu nome não expulsamos demônios e não realizamos muitos milagres?' Então eu lhes direi claramente: 'Nunca os conheci. Afastem-se de mim vocês, que praticam o mal!'" (Mateus 7:21-23).

Você tem um espírito litigioso? "E rejeita as **questões** loucas e sem instrução, sabendo que produzem contendas. E ao servo do Senhor não convém **contender**, mas, sim, ser manso para com todos, apto para ensinar, sofredor" (2 Timóteo 2:23). Você é um 'sabe-tudo'? Ou você simplesmente tem um argumento contrário a cada coisa que alguém diz? Deus diz o que devemos fazer: "Concilia-te depressa com o teu adversário, enquanto estás no caminho com ele, para que não aconteça que o adversário *te entregue ao juiz*..." (Mateus 5:25). **Cuidado com a audiência de divórcio!**

Você é argumentador? "Exorta os servos a que se sujeitem a seus senhores e em tudo agradem, não **contradizendo**" (Tito 2:9). Como um bom servo de Jesus, você deve a *Ele* ser agradável.

Há desavença em sua casa? "É melhor um bocado seco e com ele a tranqüilidade, do que a casa cheia de iguarias e com **desavença**" (Provérbios 17:1). Seus filhos são brigões e rebeldes? Ajude a manter seus filhos quietos; isso não é trabalho apenas de sua esposa.

Você sempre discute com sua esposa? "Como o soltar das águas é o início da **contenda**, assim, antes que sejas envolvido *afasta-te* da questão" (Provérbios 17:4). De fato o mundo e muitos chamados *experts* em casamento, dizem-nos que uma boa discussão é bom para o casamento. **Não acredite nisto!**

Eu estava só brincando

Você é louco? Você irrita sua esposa por causa da fraqueza dela ou algumas vezes por algo que ela lhe confidenciou? "Como o **louco** que atira brasas e flechas mortais, assim é o homem que engana o seu próximo [ou sua esposa] e diz: 'Eu estava só brincando!'" (Provérbios 26:18-19).

Palavras tolas, conversas tolas, ou gracejos imorais. Entre vocês não deve haver nem sequer menção de imoralidade sexual nem de qualquer espécie de impureza nem de cobiça; pois estas coisas não são próprias para os santos. Não haja obscenidade **nem conversas tolas nem gracejos imorais**, que são inconvenientes, mas, ao invés disso, ação de graças. Porque vocês podem estar certos disto: nenhum imoral nem impuro nem ganancioso, que é idólatra, tem herança no Reino de Cristo e de Deus. Ninguém os engane com **palavras tolas**, pois é por causa dessas coisas que a ira de Deus vem sobre os que vivem na desobediência.

"Portanto, **não participem com eles dessas coisas**. Porque outrora vocês eram trevas, mas agora são luz no Senhor. Vivam como filhos da luz, pois o fruto da luz consiste em toda bondade, justiça e verdade; e aprendam a discernir o que é agradável ao Senhor. Não participem das obras infrutíferas das trevas; antes, exponham-nas à luz. Porque aquilo que eles fazem em oculto, até mencionar é vergonhoso. Mas, tudo o que é exposto pela luz torna-se visível, pois a luz torna visíveis todas as coisas." (Efésios 5:3-13).

Falar como um menino. A maioria das mulheres odeia ser irritada. Algumas levam numa boa; mas a maioria não. Os meninos gostam de irritar os colegas na escola ou os irmãos e as irmãs. "Quando eu era menino, **falava como menino**, sentia como menino, discorria como menino, mas, logo que cheguei a ser homem, acabei com as coisas de menino" (1 Coríntios 13:11).

Difamador. Nunca exponha uma fraqueza de sua esposa para outras pessoas, e nem diga aos outros algo que sua esposa tenha lhe confidenciado. "O intrigante (fofoqueiro) **separa os maiores amigos**" (Provérbios 16:28).

Outros podem pensar que você está sendo engraçado, mas Deus conhece os nossos corações. "Farei calar ao que **difama** o próximo às ocultas..." (Salmos 101:5). "Terrível coisa é cair nas mãos do Deus vivo!" (Hebreus 10:31).

Vamos tirar esse tipo conversa de nosso meio. "Toda a amargura, e ira, e cólera, e gritaria, e **blasfêmia (maledicência, difamação)** e toda a malícia **sejam tiradas dentre vós...**" (Efésios 4:31).

A Raiz de nosso Nossa Ira... Orgulho!

"Agora eu, Nabucodonosor, louvo e exalto e glorifico o Rei dos céus, porque tudo o que *Ele* faz é certo, e todos os *Seus* caminhos são justos. E *Ele* tem poder para **humilhar aqueles que vivem com arrogância.**" (Daniel 4:37).

Por que há tantos homens irados? Porque muitos Cristãos imitam o mundo e o modo de pensar do mundo. Os livros que lemos, os conselheiros que buscamos, as palestras que frequentamos, não refletem a Palavra de Deus. Nós nos deparamos com uma visão mundana "Cristianizada".

A Palavra de Deus é que é **pura** e **inflexível.**

Veneno misturado em chocolate continua a ser veneno! Homens, a psicologia é mais perigosa quando é misturada com cristianismo, porque nós engolimos tudo rápido! Temos passado por uma lavagem cerebral para pensar que "amor próprio" e "autoestima" são coisas boas, mas essas atitudes são a raiz de muitos de nossos problemas.

É o "sabe tudo" que discute e quer fazer tudo da sua própria maneira - porque ele sabe (na verdade "pensa") que é o certo. E quando está errado, sua autoestima precisa ser protegida. Nunca há uma palavra humilde ou um "desculpe-me, eu estava ERRADO!". O homem raivoso foi condicionado a pensar que pedir desculpas será muito humilhante, um sinal de fraqueza. O seu "amor próprio" irá levá-lo a escalar o teu pedestal do orgulho, o que apenas o fará cair vez após vez.

Qual é a cura? "Então chegaram a Mara; mas não puderam beber das águas de Mara, porque eram amargas; por isso chamou-se o lugar Mara" (Êxodo 15:23). Moisés jogou uma árvore na água, uma representação da cruz do Calvário. Você também deve jogar a cruz no mar da sua amargura. Cristo morreu para libertá-lo de todo o pecado, incluindo seu comportamento irado, orgulhoso e egoísta.

Aqui está a prescrição de Deus. Deus disse que se nós nos **humilharmos**, se orarmos, se buscarmos Sua face e nos convertermos de nossos maus caminhos, 'ENTÃO ELE IRÁ': curar a nossa terra. Ao invés disso, andamos "segundo o conselho dos ímpios" (Salmos 1:1), "confiamos no homem" (Jeremias 17:5). É por isso que a nossa cura é superficial! "E curam a ferida da filha de meu povo levianamente" (Jeremias 8:11).

Observe toda a psicologia que há na igreja. O que a psicologia (palha) tem em comum com a Palavra de Deus (trigo)? "O profeta que tem um sonho, conte o sonho, e o que tem a minha palavra, fale a minha palavra com fidelidade. Pois o que tem a palha com o trigo? "Sim", declara o Senhor, "estou contra os profetas que com as suas próprias línguas declaram oráculos"" (Jeremias 23:28-31). É extremamente perigoso para os Cristãos agirem como se as ideias de homens ou a psicologia fosse a Palavra de Deus, ou usar a Palavra de Deus para promover visões mundanas atuais.

Autoestima

Você está treinando e encorajando suas crianças a terem autoestima? A palavra "autoestima" é frequentemente aceita pelos pais; entretanto, é apenas outra palavra para "orgulho". Isso é uma palavra de lobo disfarçado em roupa de ovelha! Logo logo você irá ver seu filho agir de forma egocêntrica e arrogante. Por que uma criança precisa ser elevada para que ela se sinta bem sobre si mesma? A partir do nascimento, uma criança já quer que as coisas sejam do jeito dela e é totalmente egocêntrica.

Construindo a autoestima. Existem livros e livros e mais livros escritos por cristãos para cristãos, mas muitos dos ensinamentos **não** são o que Deus ensina em Sua Palavra. Vamos ver o que Deus nos diz sobre construir a autoestima das nossas crianças. Vamos descobrir o motivo por que devemos ser cuidadosas e não dizer "eu tenho meu *orgulho*!" e "eu estou tão *orgulhosa* de você", mas ao invés, dizer coisas com "toda a humildade" (Efésios 4:2).

Orgulho é pecado. O orgulho que foi demonstrado pelo anjo Lúcifer, que depois se transformou em Satanás, foi o primeiro pecado cometido. "Elevou-se o teu coração por causa da tua formosura, corrompeste a tua sabedoria por causa do teu resplendor; por terra Eu (Deus) te lancei." (Ezequiel 28:17). Satanás disse:

"Subirei sobre as alturas das nuvens, e serei semelhante ao Altíssimo." (Isaías 14:14).

"Auto-estima" é uma mentira formada pela distorção das Escrituras. Satanás usou as Escrituras quando ele tentou Jesus no deserto; ele usa isso hoje. Ele distorce um pouco para fazer disso uma meia verdade. Mas nós sabemos que tudo que é meia verdade é uma mentira, não esquecendo de Abraão e Sara ("ela é minha irmã" em Gênesis 12:19).

"Ame a seu próximo como a si mesmo." (Mateus 22:39). Aqueles que são formados em psicologia tentarão dizer que esse verso significa que você tem que amar a si mesmo antes que você possa amar a alguém. Em outras palavras, "amor próprio" é necessário em primeiro lugar porque alguns de nós, ou a maioria de nós, odiamos a nós mesmos. Isso é uma Verdade ou uma mentira? Isso é mentira! Porque isso contradiz a Palavra de Deus. "Porque **NUNCA ninguém odiou a sua própria carne**, antes a alimenta e dela cuida..." (Efésios 5:29).

Jesus nos ensina que aqueles que forem *humildes* serão abençoados. "Bem-aventurados os *humildes* [gentis, mansos], pois eles receberão a terra por herança." (Mateus 5:5). Nós devemos considerar os outros mais importantes que nós mesmos.

Aqueles que consideram ou são ameaçados pelo suicídio escutam o mundo dizer que eles *odeiam* a si mesmos, mas isso contradiz a Palavra de Deus. Lembre-se, Deus disse, "*ninguém* odiou a sua própria carne"! Satanás tenta cegar as pessoas com a dor até que elas não estejam mais pensando claramente.

Qual é a causa raiz da dor dessas pessoas ou do espírito que está sobrecarregando-as? É um espírito de depressão ou um espírito de opressão? Se há um "espírito de morte" em seu lar, veja se esse pecado foi passado por um membro da família. Uma pessoa que considera suicídio está clamando por ajuda. Ajude-a dando amor e consolo; compartilhe a verdade. E quando ela estiver fora de perigo, encoraje-a a orar com "ações de graça", agradecendo a Deus por *tudo*, incluindo as provações, "sabendo que tudo coopera para o bem" (Romanos 8:28).

"Nada façam por ambição egoísta ou por vaidade, mas *humildemente* considerem os outros superiores a si mesmos. Cada um cuide, não somente dos seus interesses, mas também dos interesses dos outros." (Filipenses 2:3-4).

O mundo nos diz para falarmos bem de nós mesmos, mas Jesus disse, "Pois todo aquele que a si mesmo se exaltar será humilhado, e todo aquele que a si mesmo se humilhar será exaltado." (Mateus 23:12).

Aprendendo com Nabucodonozor; seu neto não aprendeu. Nabucodonozor (veja as Escrituras de incío dessa parte), que teve orgulho de seu poder e riqueza, foi transformado em gado do campo e feito para comer grama. Ainda assim, seu neto preferiu exaltar a si mesmo, "Mas tu, Belsazar, seu sucessor, não te **humilhaste**, embora soubesses de tudo isso. Pelo contrário, tu te exaltaste acima do Senhor dos céus..." (Daniel 5:22-23).

Orgulho é ruim – isso fará com que o Senhor te transforme em uma pessoa humilde. Você deve achar que algumas coisas pelas quais você está passando são humilhantes, mas Deus permite que isso aconteça para o seu bem. Ele não quer te humilhar, Ele quer que você seja humilde.

Orgulho não é de Deus. "Pois do interior do coração dos homens vêm os maus pensamentos...o orgulho." (Marcos 7:21-22). "Porque tudo o que há no mundo, a concupiscência da carne, a concupiscência dos olhos e a **SOBERBA** da vida, *não é do Pai*, mas do mundo.(1 João 2:16). Orgulho não é de Deus!

Por que te glorias? "Porque, quem te faz diferente? E que tens tu que não tenhas recebido? E, se o recebeste, **por que te glorias...?**" (1 Coríntios 4:7). "E o que a si mesmo se exaltar será humilhado; e o que a si mesmo se humilhar será exaltado." (Lucas 14:11). Nós dizemos aos outros que eles devem falar bastante sobre eles mesmos, mas estamos apenas armando uma rede para os seus pés. "...nem ainda queria levantar os olhos ao céu... qualquer que a si mesmo se exalta será humilhado, e qualquer que a si mesmo se humilha será exaltado" (Lucas 18:14). Nós dizemos aos outros para que fiquem em pé e se orgulhem! Ao invés disso, nós devemos aprender a morrer para nós mesmos.

Morrer para si mesmo. "Porque já estais mortos, e a vossa vida está escondida com Cristo em Deus." (Colossenses 3:3). "...E ele morreu por todos, para que os que vivem, não vivam mais para si, mas para Aquele que por eles morreu e ressuscitou" (2 Coríntios 5:15).

Negue-se a si mesmo. "Ele, porém, voltando-se, disse a Pedro: 'Para trás de mim, Satanás, que me serves de escândalo; porque não compreendes as coisas que são de Deus, mas só as que são dos homens.' Então disse Jesus aos seus discípulos: 'Se alguém quiser vir após mim, **renuncie-se a si mesmo**, tome sobre si a sua cruz, e siga-me; Porque aquele que quiser salvar a sua vida, perdê-la-á, e quem perder a sua vida por amor de mim, achá-la-á.'" (Mateus 16:23-25).

Você age como se essa fosse a *sua* vida quando há conflito em sua casa? Sua esposa está lhe incomodando? Seus filhos estão no caminho da sua grandiosidade, destruindo o *seu* prazer?

Se você é um Cristão, você foi comprado por um preço. A sua vida não é sua. Você está nessa terra para servir a Deus. Já que Deus o abençoou com uma esposa, é dito que você deve amá-la. Para amá-la, você deve por as necessidades dela antes das suas. Você foi abençoado com filhos? Se foi, Deus diz que você deve treiná-los.

Você está treinando-os nos caminhos do Senhor? Você está treinando-os para serem adultos de Deus, ou você está treinando-os para seguirem os caminhos do mundo? Ele acham, de acordo com o seu exemplo, que muitas outras coisas são mais importantes que Deus em suas vidas, tais como, esportes, ler jornais, cinema, ou trabalho?

Paulo foi um bom exemplo de como colocar Deus em primeiro lugar. "Porque para mim o viver é Cristo, e o morrer é ganho." (Filipenses 1:21).

Enquanto nos humilhamos, Deus está livre para nos exaltar. "...Sejam todos *humildes* uns para com os outros, porque "Deus se **opõe** aos *orgulhosos*, mas concede **graça** aos **humildes**". Portanto, *humilhem-se* debaixo da poderosa mão de Deus, para que **Ele** *os exalte* no tempo devido..." (1 Pedro 5:5-6). "Deus resiste aos soberbos, mas dá graça aos *humildes... Humilhai-vos* perante o Senhor e **Ele** *vos exaltará*." (Tiago 4:6, 11). "Posso todas as coisas *em Cristo* que me fortalece". (Filipenses 4:13). Exalte Cristo acima se si mesmo.

Jesus deve ser o nosso exemplo, sempre, em todas as coisas, na forma como Ele andou neste mundo. "De sorte que haja em vós o mesmo sentimento (humildade) que houve também em Cristo Jesus, que, sendo em forma de Deus, não teve por usurpação ser igual a Deus. Mas *esvaziou-se* a **SI MESMO**, (...) *humilhou-se* a si mesmo, sendo obediente até à morte e morte de cruz. Por isso Deus o *exaltou* à mais alta posição e lhe deu o nome que está acima de todo nome " (Filipenses 2:5-9).

Daniel também. "... Desde o primeiro dia em que você decidiu buscar entendimento e *humilhar-se* diante do seu Deus, suas palavras foram ouvidas... (Daniel 10:12).

Removendo o Orgulho

Aprendam do Senhor. "Tomai sobre vós o meu jugo, e *aprendei de* **Mim**, que sou manso e humilde de coração..." (Mateus 11:29). "Contudo, *quem se gloriar*, **glorie-se no Senhor**", pois não é aprovado quem *a si mesmo* se recomenda, mas aquele **a quem o Senhor recomenda.**" (2 Coríntios 10:17-18). "Que *outros façam elogios* a você, **não a sua própria boca**; outras pessoas, não os seus próprios lábios." (Provérbios 27:2).

E se você não se humilhar? "Assim, ele os humilhou e os deixou passar fome." (Deuteronômio 8:3). "**Ai** dos que são sábios aos seus próprios olhos e inteligentes em sua própria opinião." (Isaías 5:21). "Você conhece alguém que se julga sábio? Há mais esperança para o insensato do que para ele." (Provérbios 26:12). "Se alguém se considera alguma coisa, não sendo *nada*, **engana-se a si mesmo.**" (Gálatas 6:3). "Aliás, Deus *não escuta a vã súplica* que fazem; o Todo-Poderoso não lhes dá atenção." (Jó 35:13). "Somos como o impuro – todos nós! Todos *os nossos atos de justiça* são como **trapo imundo.** Murchamos como folhas, e como o vento as nossas iniquidades nos levam para longe." (Isaías 64:6).

"O *ganancioso* provoca **brigas**, mas quem confia no Senhor prosperará. Quem *confia em si mesmo* é **insensato**, mas quem anda segundo a sabedoria não corre perigo." (Provérbios 28:25-26). "Ele lhes disse: 'Você são os que se justificam a si mesmos aos olhos dos homens, mas Deus conhece o coração de vocês. Aquilo que tem *muito valor* entre os homens é **detestável** aos olhos de Deus'" (Lucas 16:15).

Você viu em alguma parte das Escrituras Deus nos ensinado a construir a nossa autoestima? Você é capaz de achar nas Escrituras algum verso onde Deus nos diz para ensinarmos as nossas crianças a terem autoestima? Estamos muito orgulhosos de nós mesmos com o que nós temos feito, criado ou alcançado? O que os nossos elogios irão causar aos outros, especialmente às nossas crianças?

Como Nós Começamos a Mudar?

Confesse os seus pecados. "**Se confessarmos** os nossos pecados, Ele é fiel e justo para nos perdoar os pecados e nos purificar de toda a injustiça" (1 João 1:9). Ore por uma oportunidade de falar com sua esposa para que você possa pedir perdão pelo seu comportamento zangado. Não se prolongue muito se justificando ou culpando-a por sua raiva. Só diga a ela resumidamente que Deus te convenceu de ser irado e argumentativo. E diga-lhe que com a ajuda do Senhor, você pode ser transformado. Quando você vir seus filhos, peça-lhes perdão e explique como Deus irá ajudá-lo a ser transformado. Todas as vezes que você explodir, confesse àqueles que foram machucados pela sua raiva. Continue pedindo o perdão deles.

Tropeça. Esse verso separa os homens dos meninos, ou, na verdade, o justo dos ímpios. "Pois ainda que o **justo** caia *sete vezes*, tornará a erguer-se, mas os ímpios são arrastados pela calamidade." (Provérbios 24:16). Você irá tropeçar mesmo depois de ter se humilhado e confessado as suas falhas passadas. "Assim, aquele que julga estar firme, cuide-se **para que não caia!**" (1 Coríntios. 10:12). A única forma de alcançar a vitória é continuar se levantando e confessando vez após vez. Cada confissão trará mais humildade, e então, abundará mais graça. Isso o levará à vitória nessa área de pecado em sua vida. "Porque Deus resiste aos soberbos, mas **dá graça aos humildes.** Humilhai-vos, pois, debaixo da potente mão de Deus, para que a seu tempo vos exalte." (I Pe. 5:5-6).

Reconcilie-se primeiro. Se você não sente vontade acertar as coisas com sua esposa ou com seus filhos, peça ajuda a Deus. "Portanto, se trouxeres a tua oferta ao altar e aí te lembrares de que teu irmão tem alguma coisa contra ti; deixa ali diante do altar a tua oferta e vai

reconciliar-te primeiro com teu irmão e, depois, vem e apresenta a tua oferta" (Mateus 5:23-24). Certifique-se que você seja humilde. Você está muito orgulhoso em admitir que você é um homem irado? Lembre-se, Deus resiste aos soberbos, mas **dá graça aos humildes.** Humilhai-vos, pois, debaixo da potente mão de Deus, para que a seu tempo vos exalte." (I Pe. 5:5-6).

Compromisso Pessoal: Deixar a minha maneira zangada e irada de agir. "Baseado no que aprendi da Palavra de Deus, comprometo-me a recusar desculpar minha raiva ou culpar outras pessoas por irar-me. Eu comprometo-me a renovar a minha mente e ser um praticante da Palavra abandonando minha maneira agressiva de agir."

Data: _____ Assinado:_____

Capítulo 7

Golpes de uma Espada

"Há palavras que ferem
como espada,
mas a língua dos sábios
traz a cura."
Provérbios 12:18

Deus *falou* e o universo inteiro veio à existência. O Senhor nos diz que seremos julgados por toda palavra dita. Ainda assim, nós ouvimos constantemente que devemos falar "o que vier na cabeça". Olhando nas Escrituras, o que Deus fala sobre a língua? Vamos descobrir a **verdade**:

A Língua, Pequena porém Mortífera

Posta em chamas pelo inferno. "Assim também a **língua** é um pequeno membro, e gloria-se de grandes coisas... A **língua** *é fogo; é mundo de iniqüidade*; a língua está situada entre os membros de nosso corpo, e **contamina o corpo inteiro**, e não só *põe em chamas toda a carreira da existência humana*, como também é posta ela mesma em chamas pelo inferno." (Tg. 3:5- 6).

Ninguém é capaz de domar a língua. "A **língua**, porém, nenhum dos homens é capaz de domar; é mal incontido, carregado de veneno mortífero. Com ela, bendizemos ao Senhor e Pai; também, com ela, amaldiçoamos os homens, feitos à semelhança de Deus. De uma só boca procede *bênção e maldição*. Meus irmãos, não é conveniente que estas coisas sejam assim. Acaso, pode a fonte jorrar do mesmo lugar o que é *doce e o que é amargoso*?" (Tg. 3:8- 9). Mas graças a Deus que "Nada é impossível para Deus." (Lucas 1:37).

O Senhor conhece. Eis um pensamento sério: "Ainda a palavra me não chegou à **língua**, e tu, Senhor, *já a conheces toda*" (Sl. 139:4).

Nós precisamos de uma mordaça! "Disse comigo mesmo: *guardarei* os meus caminhos, para não pecar com a **língua**; **porei mordaça à minha boca**..." (Sl. 39:1). Você pode ter muita força física, mas onde está a força interior necessária ao domínio próprio?

Quebranta o espírito. "A **língua** *serena* é *árvore de vida*, mas a perversa quebranta o espírito" (Pv. 15:4). As palavras que você diz à sua esposa, aos seus filhos, ou para aqueles em seu trabalho são serenas? Pergunte-se se você tem quebrantado o espírito daqueles que você deveria proteger e liderar.

O Que Nós Falamos

"A boca do justo jorra sabedoria, mas a **língua da perversidade** será *cortada*." (Provérbios 10:31).

"Há **palavras** que *ferem como espada*; porém a **língua** dos **sábios** *traz cura*" (Provérbios 12:18).

"O que **guarda a sua boca** e **a sua língua** guarda a sua alma *das* angústias". (Provérbios 21:23).

Essa declaração é clara. O que você diz *é* importante. "Porque **por tuas palavras** serás *justificado*, e **por tuas palavras** serás *condenado*. (Mateus 12:37).

"Não é o que entra pela boca o que contamina o homem, mas **o que sai da boca**, isto, sim, contamina o homem" (Mateus 15:11).

"...despojai- vos também de tudo: da ira, da cólera, da malícia, da **maledicência**, das **palavras torpes**..." (Colossenses 3:8).

"O que **atenta** prudentemente **para a palavra** achará o bem..." (Provérbios 16:20).

Se você foi abusivo com sua esposa através de suas palavras, Deus é fiel; Ele oferece a cura:

"As **palavras suaves** são favos de mel, doces para a alma, e saúde para os ossos." (Provérbios 16:24).
"A **doçura no falar** aumenta o saber (persuasão)" (Provérbios 16:21).

"Os **lábios justos** são o contentamento do rei, e ele ama o que **fala coisas retas**" (Provérbios 16:13).

Você amadureceu? Talvez você se lembra dessa frase da infância, "Galhos e pedras podem quebrar meus ossos, mas palavras nunca irão me ferir". A verdade é que, provavelmente, muitos de nós ainda não nos recuperamos de algumas das palavras que nos disseram quando éramos crianças. Você continua ferindo sua esposa e seus filhos com suas palavras? "Quando eu era menino, **falava como menino**, sentia como menino, pensava como menino; quando cheguei a ser homem, desisti das *coisas próprias de menino*" (1 Coríntios 13:11).

Como **Nós Falamos**

Resposta branda. Quando raiva ou fúria vem em nossa direção, Deus nos diz a reação que devemos ter para glorificá-Lo como cristãos: "A **resposta branda** desvia o *furor*, mas a **palavra dura** suscita a *ira*" (Provérbios 15:1).

Medite sobre como responder. Você pensa ante de falar? "O coração do justo **medita o que há de responder**, mas a boca dos perversos transborda maldades" (Provérbios 15:28). Você *descarrega* palavras cruéis em outras pessoas?

Estultícia e vergonha. Você mal escuta ou corta logo outra pessoa antes deles terem a chance de compartilhar seus pensamentos com você ou de fazer-lhe uma pergunta? "Responder antes de ouvir é **estultícia e vergonha.**" (Provérbios 18:13). Dê à sua esposa a oportunidade de colocar tudo para fora. Faça-lhe perguntas para que você tenha certeza de que entendeu o que está tentando lhe dizer e por quais motivos. Ela está necessitada de afeto? Dê-lhe um ouvido que a ouça e compreenda. Ou, talvez, ela precise de ajuda para discernir algo que se resolveria se houvesse apenas uma "conversa".

Muitas vezes sua esposa não quer que você resolva os problemas dela. Ela quer e precisa de compreensão e encorajamento. Às vezes é preciso muita paciência, mas paciência é uma prova do seu amor. "O amor é paciente..." (1 Coríntios 13:4). Você está fazendo tudo o que pode para ser paciente com sua esposa? Prove o seu amor por ela sendo paciente e compreensivo. "...do mesmo modo vocês, maridos, sejam sábios no convívio com suas mulheres e tratem-nas com **honra**..." (1 Pedro 3:7).

Lavar da água mediante a Palavra. Você abençoa sua esposa com a Palavra de Deus e com *suas* palavras amáveis e edificantes? "Maridos, amem suas mulheres, assim como Cristo amou a igreja e entregou-se a si mesmo por ela para santificá-la, tendo-a *purificado pelo* **lavar da água mediante a Palavra**, e apresentá-la a si mesmo como igreja gloriosa, sem mancha nem ruga ou coisa semelhante, mas santa e inculpável." (Efésios 5:25-27).

O *Quanto* Você Fala

Muitas palavras. Quando há muita conversa e discussão, a transgressão (uma violação da Lei de Deus) não pode ser evitada. "Na **multidão de palavras** não falta pecado..." (Provérbios 10:19). No papel de líder, conduza as discussões de forma apropriada para uma conclusão. Isso não significa que você deve corta sua esposa quando for a vez dela de compartilhar seus pensamentos, e nem jogue uma "bomba" mortífera e diga que a questão está encerrada. Certifique-se que você foi compreensivo. Tenha a certeza que ela saiba que você entendeu, dando-lhe uma reposta positiva e amável. A maioria das mulheres continua falando, pois elas acham que não foram compreendidas.

Guarde a sua boca. Você tem guardado cuidadosamente o que você diz para os outros, especialmente para sua esposa? Os outros nos falam para dizermos nossas opiniões e compartilharmos o que pensamos, mas Deus diz: "*O homem de entendimento* **se mantém calado**" (Pv. 11:12). E "O que **guarda** a boca conserva a sua alma, mas o que muito **abre os lábios** a si mesmo se arruína." (Pv. 13:3).

Considerado sábio. Na verdade, Deus diz que nós praticamos conhecimento e parecemos sábias quando não dizemos nada. "Até o tolo, **quando se cala**, é *reputado por sábio*; e o que **cerra os seus lábios** é tido por entendido." (Pv. 17:28).

Nada a mais. "Seja, porém, a tua palavra: **Sim, sim; não, não.** *O que disto passar* vem do **maligno**" (Mt. 5:37). Balance sua cabeça para frente e para trás, de forma positiva, quando sua esposa estiver falando com você. Se você mantiver os seus olhos e sua mente no que ela está dizendo, ao invés de na televisão, no jornal, ou pensando em outra coisa, a sua conversa irá satisfazer a necessidade de sua esposa de ser ouvida e compreendida de forma muito mais rápida.

Conversas vãs. "...Guarda o depósito que te foi confiado, tendo horror aos **clamores vãos** e **profanos** e às oposições da **falsamente** chamada *ciência* - a qual, professando-a alguns, se *desviaram da fé*" (1 Timóteo 6:20-21). Quando você precisar tomar uma decisão, você não precisa argumentar sobre o *seu* ponto de vista. Apenas declare a sua decisão baseado na oração e no direcionamento de Deus. Quando sua esposa vir que o seu coração está empenhado em seguir o caminho certo, o caminho do Senhor, e que você não está usando a sua autoridade para seguir o seu próprio caminho, então ela irá parar de tentar lhe controlar e manipular.

Esteja Contente, Pare de Reclamar

Fazer todas as coisas. "Fazei todas as coisas sem **murmurações nem contendas**" (Filipenses 2:14). Você algumas vezes se pega reclamando sobre alguma tarefa antes mesmo de fazê-la? Se você sabe que é algo que você deve fazer, então faça e não reclame ou discuta! Porém se você está sendo "ameaçado" para fazer alguma coisa que você acha que não deveria fazer, então não faça. Lembre-se do problema que isso causou a Adão (e a todos nós). "E a Adão disse: Porquanto deste ouvidos à voz de tua mulher e comeste da árvore de que **te** ordenei..." (Gênesis 3:17). "Aquele, pois, que sabe fazer o bem e não o faz, comete pecado" (Tiago 4:17).

Qualquer circunstância. Você é o tipo de pessoa que reclama de tudo que acontece com você? "Não estou dizendo isso porque esteja necessitado, pois *aprendi a* **adaptar-me** a toda e qualquer circunstância." (Filipenses 4:11). Você está sendo um bom exemplo para sua esposa e seus filhos? Você está, no papel de líder de sua casa, demonstrando para sua família como estar contente ou você está lhes ensinando a murmurar e reclamar?

Grande lucro. Piedade e contentamento devem andar de mãos dadas. "De fato, grande fonte de lucro é a *piedade* com o **contentamento**" (1 Timóteo 6:6).

Você está contente? *"...***contentando-vos** com *o que tendes*; porque Ele disse: Não te deixarei, nem te desampararei"* (Hebreus 13:5). Você está satisfeito com o que você tem, ou você está constantemente tentando melhorar os seus "brinquedos" e posses?

Não deprimir o espírito. Provérbios também nos diz o que nosso modo de falar pode fazer ao espírito de nossas esposas. "A língua benigna é árvore de vida, mas a *perversidade* nela **deprime o espírito**" (Pv. 15:4). A sua esposa está sendo menos afetuosa com você do que ela costumava ser? Talvez, sem perceber, você tenha deprimido o espírito dela.

Discutir é *Bom* Para o Casamento?

Bocado seco. Muitos *"experts"* em casamento, dizem-nos que uma boa discussão é bom para o casamento. O que Deus diz? "É melhor um bocado seco e com ele a tranqüilidade, do que a casa cheia de iguarias e com **desavença**." (Provérbios 17:1). Desavença é definida como uma briga prolongada por poder e superioridade. Não deveria haver disputa por poder ou superioridade se cada um dentro da família soubesse seu papel e cada um se concentrasse em preencher esse papel. A disputa vem quando esses papéis são negligenciados ou quando uma pessoa está tão ocupada que é preciso que *outra* pessoa faça o que ela deveria fazer.

Sobre a questão da quietude, certifique-se que seus filhos estão quietos e sob o *seu* controle! Não é apenas responsabilidade de sua esposa mantê-los quietos. A sua presença deve garantir respeito e silêncio.

Abandone a discussão. "Como o soltar das águas é o início da **contenda**, assim, antes que sejas envolvido **afasta-te da questão**" (Provérbios 17:14). Novamente, você não precisa brigar, argumentar, ou provar para si mesmo que você é o cabeça do lar. Deus lhe deu a posição de liderança. Entretanto, essa **nunca** deve ser uma posição de orgulho ou arrogância. A sua liderança deve ser usada para direcionamento, proteção e coordenação de sua família de forma sábia, conforme o direcionamento de Deus.

Todo insensato se mete em rixas. Os *lábios do insensato* entram na **contenda**, e por açoites brada a sua boca" (Pv. 18:6). Talvez sua esposa se torne impulsiva com você se suas palavras foram extremamente dolorosas para ela. Lógico, ela não é páreo para você, então isso pode tornar a situação abusiva. Lembre-se de **abandonar a contenda** antes do soltar das águas! Ela estaria errada se lhe desse um murro ou se possivelmente começasse uma briga verbal, mas você deve ser o líder e o salvador do corpo. "Pois o marido é o **cabeça** da mulher, como também Cristo é o cabeça da igreja, que é o seu corpo, do qual ele é o **Salvador**" (Efésios 5:23). Lembre-se, "...mas todo *insensato* se **mete em rixas**" (Pv. 20:3).

Desleal. "...Porque o Senhor foi testemunha entre ti e a mulher da tua mocidade, com a qual tu foste **desleal**, sendo ela a tua companheira, e a mulher da tua aliança. E não fez ele **somente um**, ainda que lhe **sobrava** o **espírito**? E por que somente um? Ele buscava uma descendência para Deus. Portanto guardai-vos em vosso espírito, e ninguém seja infiel para com a mulher da sua mocidade." (Malaquias 2:14-15).

Se você agiu de forma desleal com sua esposa, então Deus está dizendo que você não tem nem um remanescente de Seu Espírito! Este é um pensamento muito sério! Vamos todos olhar seriamente para nós mesmos e nos acertarmos com Deus, então o seu relacionamento com sua esposa irá imitar o seu relacionamento com Deus.

Cobre de violência como se cobre de roupas. ""Eu odeio o divórcio", diz o Senhor, o Deus de Israel, e "o homem que se cobre de violência como se cobre de roupas", diz o Senhor dos Exércitos. Por isso tenham bom senso; não sejam infiéis."(Malaquias 2:16).

Infidelidade na tradução Hebráica é definida como agir de forma desonesta, com sem fidelidade, com violaão, transgressão, ou divergente.

Encobrir a violência com a sua roupa é definido como violência, ganho injusto, crueldade, injustiça ou uma opressão. Muitos homens estão em uma batalha física ou emocional com suas esposas. Todos nós já vimos ou conhecemos mulheres que tentam agir de forma tão agressiva quando os homens, mas elas conseguem? Elas podem vim a conseguir? Pense nos esporte que precisam de força, homens e mulheres podem competir de forma justa? Você já presenciou uma situação onde uma mulher de negócios, bem sussedida acabou se rendendo às lágrimas? Por conta da aparência externa, você pode ter sido enganado e levado a pensar que ela fosse dura emocionalmente quanto um homem.

É o desejo desse ministério que sua esposa, após ver as mudanças em você, deseje ler o livro "Uma Mulher Sábia". Isso irá encorajá-la a buscar um espírito manso e quieto; permitindo-a ser o vaso mais fraco. Mas como você irá tratá-la? Você irá deprimá-la ou cuidará dela? (Provérbios 15:4; Efésios 5:29).

Concorde, Especialmente com Sua Esposa

Concorde. Um dos princípios mais importantes ensinados no Novo Testamento fala sobre concordar com alguém, especialmente quando esse alguém está com raiva. "**Concilia-te** *depressa* com o teu adversário" (Mateus 5:25). Ouvir e concordar balançando a cabeça positivamente irá ajudar muito quando alguém está com raiva ou frustrado. Muitas vezes nós bancamos o "advogado do diabo" tentando mostrar o outro lado. (Esse termo por si sá já nos deveria alertar sobre as possíveis consequências!) Dê a sua esposa a chance de compartilhar seus pensamentos, sentimentos e frustrações. Fique do lado dela, e não coloque lenha na fogueira.

Dividido contra si mesmo. Satanás fará tudo o que puder para realçar as áreas em que vocês *não concordam* para que ele então divida e conquiste sua família. "Todo o reino dividido contra si mesmo é devastado; e toda a cidade, ou **casa, dividida contra si mesma** não subsistirá..." (Mateus 12:25). E, "Todo reino dividido contra si mesmo será arruinado, e **uma casa dividida contra si mesma cairá.**" (Lucas 11:17). "Honroso é para o homem desviar-se de questões, mas todo **tolo é intrometido**" (Provérbios 20:3).

Concordância. Esse verso nos mostra o motivo de Satanás trabalhar tão fortemente para causar discordância entre os casais cristãos. "Também vos digo que, **se dois de vós concordarem** na terra acerca de qualquer coisa que pedirem, isso lhes será feito por Meu Pai, que está nos céus" (Mateus 18:19). Quando nós não concordamos como um casal, nós na verdade nos neutralizamos mutuamente. É como se vocês votassem em candidatos opostos nas eleições, você deveria então permanecer em casa. "E rejeita as questões loucas, e sem instrução, sabendo que produzem contendas. E ao servo do Senhor não convém contender, mas sim, ser manso para com todos, apto para ensinar, sofredor..." (2 Timótio 2:23).

Obras da carne são manifestas. Fica evidente para outros Cristãos, e certamente para Deus, quando a forma que agimos é da natureza da carne. "Porque as obras da carne são manifestas, as quais são ...**inimizades,** porfias, emulações, **iras, pelejas, dissensões**, heresias, invejas..." (Gálatas 5:19-21). "Se alguém ensina outra doutrina e **não concorda com as sãs palavras** de nosso *Senhor Jesus Cristo* e com o **ensino segundo a piedade**, é enfatuado, nada entende, mas tem mania por questões e **contendas** de palavras, de que nascem inveja, **provocação, difamações**, suspeitas malignas, **constantes atritos** entre homens cuja mente é pervertida e privados da verdade..." (1Tm. 6:3-5).

Frutos do Espírito. "Mas o fruto do Espírito é **amor, alegria, paz, paciência, amabilidade, bondade, fidelidade,mansidão** e **domínio próprio.** Contra essas coisas não há lei." (Gal. 5:22). "Exorta os servos a que se sujeitem a seus senhores e em tudo agradem, não contradizendo." (Tito 2:9). Como Cristão, você é um servo do Senhor. Ele te comprou por um preço. Você não é o servo de sua esposa. Você, como o servo de Cristo, precisa ser agradável a *Ele*.

Ira do homem. Você pode ter ouvido alguém dizer que já que Jesus ficou com raiva e virou as mesas no tempo, você tem o 'direito' de ficar com raiva dos outros. "Portanto, meus amados irmãos, todo o homem seja pronto para **ouvir, tardio para falar, tardio para se irar.** Porque **a ira do homem não opera a justiça de Deus.**" (Tiago 1:19-20).

Concorde, concorde! Você deve tentar achar a área de concordância ao invés do ponto de discordância. "Também vos digo que, se **dois** de vós *concordarem* na terra acerca de **qualquer** coisa que pedirem, isso lhes será feito por Meu Pai, que está nos céus" (Mateus 18:19). Assuma o controle do desentendimento. Balance sua cabeça, encontre os pontos de concordância e fale para ela em voz alta. Mulheres querem ser ouvidas, todos querem. É por isso que as pessoas falam alto e começam a gritar ou berrar, elas querem ser ouvidas e compreendidas. Separe um tempo para pensar nas área em que vocês concordam e vá nessa direção.

Uma Língua Mentirosa

O Senhor odeia. Vamos ler Provérbios, que nos fala muito sobre mentira. "Seis coisas o Senhor aborrece, e a sétima a sua alma abomina: olhos altivos, **língua mentirosa**, mãos que derramam sangue inocente..." (Pv. 6:16-18).

Enganadora. "Senhor, *livra-me* dos lábios **mentirosos**, da língua **enganadora**" (Sl. 120:2). Quando a sua esposa, ou outra pessoa, te pega em uma mentira (ou o que você pode chamar de calúnia), você nega? Você é verdadeiro? Ou você debate sobre o que disse e tenta torcer a verdade a seu favor? Lembre-se, enganador está na definição sobre agir de forma infiel com sua esposa.

O pai da mentira. Certifique-se de que você **nunca minta**, pois **o diabo é o pai da mentira**, e mentir é uma abominação para Deus. "Vós sois do diabo, que é vosso pai, e quereis satisfazer-lhe os desejos. Ele foi homicida desde o princípio e jamais se firmou na verdade, porque nele não há verdade. Quando ele profere mentira, fala do que lhe é próprio, porque é **mentiroso** e **pai da mentira**" (Jo. 8:44). Lembre-se, é a verdade que o liberta!

Impossível de Controlar Quando Bebe

Nunca será sábio. "O vinho é escarnecedor, a bebida forte alvoroçadora; e todo aquele que neles errar nunca será sábio." (Provérbios 20:1). A pessoa que erra por causa dos efeitos do álcool não é sábio. O que você fala enquanto está intoxicado irá zombar de você mais tarde. "Antes rejeitastes todo o meu conselho, e não quisestes a minha repreensão, também de minha parte eu me rirei na vossa perdição e zombarei, em vindo o vosso temor." (Provérbios 1:25-26). "E não vos embriagueis com vinho, em que há contenda, mas enchei-vos do Espírito..." (Efésios 5:18).

Falará perversidades. "Para quem são os ais? Para quem os pesares? Para quem as **pelejas**? Para quem as queixas? Para quem as feridas sem causa? E para quem os olhos vermelhos? Para os que se demoram perto do vinho, para os que andam buscando vinho misturado. Não olhes para o vinho quando se mostra vermelho, quando resplandece no copo e se escoa suavemente. No fim, picará como a cobra, e como o basilisco morderá. Os teus olhos olharão para as mulheres estranhas, e o teu coração **falará perversidades**. E serás como o que se deita no meio do mar, e como o que jaz no topo do mastro. E dirás: Espancaram-me e não me doeu; bateram-me e nem senti; quando despertarei? Aí então beberei outra vez." (Provérbios 23:29-35).

Uma pessoa que bebe muito não é um alcoólatra. Beber em excesso não é uma doença, é um pecado. Confesse o seu pecado se você tem sido preso pelas cordas do álcool. Se você tropeçar, continue confessando e clame a Deus por libertação.

O que procede da boca. "O que contamina o homem não é o que entra na boca, mas **o que sai da boca**, isso é o que contamina o homem." (Mateus 15:11). Se o que você coloca dentro de si, faz com que os seus lábios entrem em transgressão; então você deveria parar. Faça isso por sua esposa, por seus filhos, ou por outros próximos a você. Confesse o seu pecado e vá em direção à vitória! "...e a verdade vos libertará." (João 8:32). Aleluia!

Para Resumir...

1. Tenha cuidado do **quanto** você fala: Na **multidão de palavras** não falta pecado. Ao invés, deixe suas palavras serem **Sim, sim** ou **Não, não** – o que for além disso o levará ao mal.

2. Seja **cuidadoso** com o *que* você fala: pelas **suas palavras** você será justificado e pelas **suas palavras** você será condenado!

3. Não discuta: **concorde** com o seu adversário *rapidamente*!

4. Como devemos responder? Dê uma resposta gentil, ponderada (pense um pouco) sobre como responder, e não responda antes de ouvir, pois é estupidez e vergonhoso!

5. Aprenda a **se contentar** em qualquer circunstancia que você esteja.

6. Se é necessário que haja cura: lembre-se, as **palavras doces** são como favos de mel, doces para a alma e saúde para o corpo, e a doçura no falar aumenta a **persuasão**.

7. Você deve **andar no Espírito** e parar de fazer o que quiser. "Digo, porém: Andai em Espírito e não cumprireis a concupiscência da carne... e estes opõem-se um ao outro, para que **não** façais o que quereis."

8. O princípio básico que ajudará a guiá-lo é esse: o que for fácil para nós fazermos na carne, é da carne. E o que for difícil para fazermos e requer de nós a força do Espírito Santo, é andar no Espírito.

O tolo parece sábio quando se cala.
Deixe que suas palavras sejam amáveis e pacientes.
Ame a sua esposa da forma que Cristo amou sua Igreja.

Compromisso Pessoal: abrir minha boca com sabedoria e bondade. "Baseado no que aprendi da Palavra de Deus, comprometo-me a permanecer paciente, esperar antes de responder e ser doce em todas as minhas palavras, especialmente com minha esposa e meus filhos."

Data: _____ Assinado: _____

Que Deus esteja com você, enquanto se esforça para ser mais semelhante a Cristo!

Capítulo 8

Você Foi Desleal?

"Porque o SENHOR foi testemunha entre
ti e a mulher da tua mocidade, com a qual
tu foste desleal,
sendo ela a tua companheira,
e a mulher da tua aliança."
Malaquias 2:14

Você agiu de forma traidora com sua esposa?

Talvez esta pergunta seja difícil de responder pois você não está certo do que significa quando a Bíblia fala sobre "ser desleal ou traidor". Se verificarmos no dicionário de Concordância Bíblica, a palavra traidor, "bagad" pronuncia-se (*baw-gad*), significa **agir de forma secreta, saquear, agir de forma decepcionante, ofender, transgredir, separar, infiel.**

A definição para *traidor* no dicionário é: de caráter ou ações de um traidor.

Agora que você já sabe a definição, você deve perguntar-se a si mesmo: você cometeu alguma dessas ofensas contra a sua esposa? Vamos olhar para cada uma dessas ofensas cuidadosamente. A intenção não é condená-lo, mas sim trazer convicção. Até que exista convicção e que você olhe para os seus olhos como pecados, não haverá arrependimento. E sem arrependimento, não há misericórdia. E sem misericórdia, não há graça. E, irmão, nós precisamos de muita graça! Nós podemos negar os nossos pecados o quanto quisermos, mas isso nunca trará as mudanças que são necessárias. Você precisa ser o tipo de marido que sua esposa precisa (e merece)! Se você está pronto, então vamos lá.

Agir de forma secreta. A definição para *segredo* é esconder, cobrir ou disfarçar. Quantas vezes você já escondeu ou fez coisas de forma secreta? "Mas todas estas coisas se manifestam, sendo condenadas pela luz, porque a luz tudo manifesta." (Efésios 5:13). Você pode ter encoberto algo de todo mundo, até mesmo de sua esposa, mas *há* Um de quem você nada pode esconder. Se você tem feito algo em segredo, então você tem agido de forma traidora com sua esposa.

Saquear é o ato de se beneficiar pela força, e também atacar, defraudar, ou roubar. Você pode estar olhando para essas palavras no contexto de bens materiais, mas para uma mulher não são as coisas materiais as mais importante, mas sim os bens *emocionais*. Você a atacou verbalmente, ou você roubou a sua alegria por causa de sua ira? Ou você roubou a sua alegria por causa de suas exigências irreais sobre ela? Você é um homem que exige que ela lhe dê muito e em troca você lhe dá muito pouco? Agora você consegue imaginar porque o seu casamento está nesse estado? Meu amigo, há um Salvador esperando que você coloque tudo isso aos pés das cruz. ELE está lá para perdoá-lo, se você se arrepender.

Agir de forma decepcionante. A maioria de nós é muito boa em falar a verdade para todos, e nossa desculpa é que não podemos falar a verdade para nossas esposas, pois iremos machucá-las. Ou, quando *somos* confrontados com a verdade, nós dizemos que é culpa de nossas esposas, *pois elas estão sempre no nosso pé e nós não precisamos de uma mãe*. Bem, nós precisamos de uma mãe? Se não há nada de errado com o que estamos fazendo, por que precisaríamos esconder algo?

Vamos olhar seriamente para as Escrituras e parar de arrumar desculpas. "A falsa testemunha não ficará impune **e o que respira mentiras não escapará.**" (Provérbios 19:5). E também, conforme aprendemos no último capítulo, "Seis coisas o Senhor aborrece, e a sétima a sua alma abomina: olhos altivos, **língua mentirosa**, mãos que derramam sangue inocente, O coração que maquina pensamentos perversos, pés que se apressam a correr para o mal, a testemunha falsa que **profere mentiras**, e o que semeia contendas entre irmãos." (Pv. 6:16-18).

Ofender. Quando você ofende a sua esposa, você realmente se importa? Ou você pensa ou diz que *isso é problema dela*? Homens e mulheres foram criados e unidos para completarem um ao outro. As esposas precisam da força do marido e da liderança, e os homens precisam desesperadamente do refinamento de suas esposas.

Como você se veste? E aquelas roupas confortáveis que você usa em casa que ela não acha atraente? A forma que você se veste na presença de sua esposa fala muito sobre o quanto você se importa com ela. Como são os seus modos? Você abre as portas para ela ou ajuda a colocar o seu casaco? Você trata sua esposa com honra? O que você está ensinando aos seus filhos com o seu precário exemplo?

Transgredir. O dicionário diz que transgredir significa ir além de um limite. Homens e mulheres possuem um limite do quanto eles podem aguentar antes de chegarem ao limite. Pode ser um limite físico ou emocional. Uma das três coisas pode ocorrer quando uma pessoa é levada além do que pode aguentar: ela aprende a revidar, ela pode se afastar, ou elas aguentam até serem destruídas. De quem é a culpa se você pressiona sua esposa além dos limites? "É impossível que não venham escândalos, mas ai daquele por quem vierem!" (Lucas 17:1-2).

Separar. É triste ver tantos homens se separando, somente para encontrarem outras esposas e novas famílias para cuidarem. É frustrante ver esses homens dando tanta atenção aos filhos que não são deles, enquanto os seus próprios filhos estão sendo devastados emocionalmente por conta do abandono deles. "Qual a ave que vagueia longe do seu ninho, tal é o homem que anda vagueando longe da sua morada." (Provérbios 27:8).

Infiel. Você já foi infiel à sua esposa? Muitos de nós precisamos baixar suas cabeças e dizer "sim". Mas para aqueles que acham que escapam disso, vamos olhar mais profundamente. Em nosso mundo de hoje, nessa sociedade sem Deus, pecadora, pervertida, ser infiel não se resume a apenas se deitar com uma mulher que não seja sua esposa. Então, infiel *também* significa: trair a confiança de alguém; desleal. Você já falhou alguma vez quando sua esposa confiou em você? Você sua lealdade à alguém já foi maior do que a sua lealdade à sua esposa? Você sabe que deve ser "um" com a mulher que Deus o juntou. Essa pessoa a quem você foi mais leal não precisa ser alguém do sexo oposto; pode ser um amigo ou um membro da família.

Uma das amarras mais prejudiciais e conflitantes pode ser com sua mãe ou pai. Como nós sabemos? Porque o Senhor, Ele mesmo, fez uma referência especial à isso: "Porém, desde o princípio da criação, Deus os fez macho e fêmea. Por isso deixará o homem a seu pai e a sua mãe, e unir-se-á a sua mulher, e serão os dois uma só carne; e assim já não serão dois, mas uma só carne." (Marcos 10:6-8).

Abuso

Abusar minha esposa? Você pode negar que tenha abusado dela, pois você nunca encostou um dedo nela. Ou você pode dizer que não é um marido abusivo, pois você nunca deu o primeiro murro. Vamos descobrir o que realmente é abuso.

No dicionário, *abuso* é definido como: usar impropriamente, maltratar, ofender, chamar alguém por nomes feios. Feio é definido como: trazer desonra, indecente ou profano, ofensivo ou desagradável.

Usar impropriamente. Deus o abençoou com uma esposa. "Aquele que encontra uma esposa, acha o bem, e alcança a benevolência do Senhor." (Provérbios 18:22). E "E disse o Senhor Deus, 'Não é bom que o homem esteja só...'" (Gênesis 2:18). Deus certamente teve uma boa razão para abençoá-lo com uma esposa; entretanto, ela não é para ser usada por você de forma imprópria ou incorreta. Sua esposa é (ou foi) um presente de Deus. Você a trata dessa forma?

Ofender. Também no dicionário, *ofender* é definido como causar uma ferida ou outro dano físico, causar um dano físico ou impalpável: ofender os sentimentos de alguém. O salmista disse: "Pereçam humilhados os meus acusadores; sejam cobertos de zombaria e vergonha os que querem **prejudicar-me**." (Salmos 71:13). Deus sabe o que é feito secretamente. "Porque não há coisa oculta que não haja de manifestar-se, nem escondida que não haja de saber-se e vir à luz" (Lucas 8:17). Não nos esqueçamos do verso do título, "...o **SENHOR foi testemunha** entre ti e a mulher da tua mocidade, com a qual tu foste desleal, sendo ela a tua companheira, e a mulher da tua aliança." (Malaquias 2:14).

Chamar alguém por nomes feios. Novamente, *feios* é definido como: trazer desonra, indecente ou profano, ofensivo ou desagradável. Nós acabamos de ler no capítulo anterior "Os Golpes de uma Espada" sobre a língua e os horríveis resultados, o que pode acontecer quando uma pessoa não consegue controlar o conteúdo do que é dito. Infelizmente, muitos de nós nunca admitirão que quando dizemos coisas para nossas esposas que são desagradáveis, nós estamos abusando (usando impropriamente) o que Deus nos deu. "Igualmente vós, maridos, coabitai com elas com entendimento, **dando honra à mulher**, como vaso mais fraco; como sendo vós os seus co-herdeiros da graça da vida; para que não sejam impedidas as vossas orações." (1 Pedro 3:7).

O Homem Violento

A Bíblia menciona alguma vez o homem violento?

Sim. Muitas Escrituras, especialmente os Salmos, nos falam sobre o homem violento. Na verdade, todo o Salmo 140 é sobre o homem violento... "Livra-me, Senhor, dos maus; protege-me dos **violentos**, que no coração tramam planos perversos e estão sempre provocando guerra. Afiam a língua como a da serpente; veneno de víbora está em seus lábios. Protege-me, Senhor, das mãos dos ímpios; protege-me dos **violentos**, que pretendem fazer-me tropeçar." (Salmos 140:1-4). Esse texto descreve quem você é? Seja honesto consigo mesmo. Você já tramou planos perversos contra a sua esposa, uma forma de se vingar, ou de ensiná-la uma lição? Você está sempre provocando guerra? Ela pede para que você pare de dizer palavras cruéis? Você ignora as suas lágrimas? Você distorce as suas palavras e o que ela está dizendo com o propósito de fazê-la tropeçar? Se você faz isso, então *você* é um homem violento.

O homem violento. "O Senhor vive! Bendita seja a minha Rocha! Exaltado seja Deus, a Rocha que me salva! Este é o Deus que em meu favor executa vingança, que sujeita nações ao meu poder; que me livrou dos meus inimigos. Tu me exaltaste acima dos meus agressores; de **homens violentos** me libertaste." (2 Samuel 22:47-49). A esposa que confia no Senhor será liberta do marido violento. Talvez isso já tenha acontecido. Foi por isso que ela te deixou ou pediu para você ir embora? Talvez você ainda esteja negando que é um homem violento. Vamos olhar mais profundamente na Palavra de Deus e procurar por mais verdades.

O que a palavra "violento" realmente significa?

Cruel. A palavra violento em Grego é *chamac* o que significa maltratar, reduzir, violar, ser **cruel**, ou cometer uma falsa injustiça. Seja honesto consigo mesmo. Isso descreve quem você é?

O Senhor foi testemunha. "Porque **o Senhor foi testemunha** entre ti e a mulher da tua mocidade, com a qual tu foste desleal, sendo ela a tua companheira, e a mulher da tua aliança. E não fez ele somente um, ainda que lhe sobrava o espírito... Portanto guardai-vos em vosso espírito, e ninguém seja infiel para com a mulher da sua mocidade. Porque o Senhor, o Deus de Israel, diz que odeia o repúdio (divórcio) e o homem que se cobre de violência como se cobre de roupas, diz o Senhor dos Exércitos. Portanto guardai-vos em vosso espírito e não sejais desleais" (Malaquias 2:14-16).

A Raíz do Abuso e Maustratos
Por que eu trato a minha esposa dessa forma?

Quando violamos os princípios bíblicos, nós sofremos as consequencias. Existem linhas de direção para os homens casados, e violar essas orientações construirá uma base para a insensibilidade com a "mulher de sua juventude".

Se unirá à sua mulher. "Por esta razão, o homem deixará pai e mãe e se **unirá** à sua mulher, e eles se tornarão uma só carne" (Gn 2:24). Unir- se é definido como "agarrar-se desesperadamente." Isto claramente não está acontecendo hoje, já que tantos homens deixam suas esposas.

Você ainda está tentando encontrar aprovação da família que você deveria ter deixado? A Bíblia é clara e diz que nós *devemos* honrar nossos pais, mas, claramente, as Escrituras também dizem que devemos **honrar** as nossas esposas. "Do mesmo modo vocês, maridos, sejam sábios no convívio com suas mulheres e tratem-nas com honra, como parte mais frágil e co-herdeiras do dom da graça da vida, de forma que não sejam interrompidas as vossas orações" (1 Pe 3:7).

Quando você fica dividido entre o que a sua esposa pensa ou sente e o que os seus pais pensam ou sentem, o que um homem deve fazer? A quem ele deve honrar? Jesus nos disse citando o livro de Gênesis, "Por esta razão, o homem deixará pai e mãe e se **unirá** à sua mulher, e os dois se tornarão uma só carne" (Mt 19:5). Ele também disse, "Assim, eles já não são dois, mas sim uma só carne. Portanto, o que *Deus uniu*, **ninguém separe**" (Mt 19:6).

Preso. Separe um momento para pensar sobre isso; talvez você não tenha realmente "deixado" a sua mãe e/ou pai. Claro que você os deixou fisicamente, mas você ainda está preso a eles já que a sua lealdade ainda permanece com seus pais? Deixe seus pais, una-se à sua esposa, e alegre-se com a esposa da sua juventude! (Provérbios 5:18).

Ame. "Maridos, amem suas mulheres, assim como Cristo amou a igreja..." (Efésios 5:25). "Da mesma forma, os maridos devem amar as suas mulheres" (Efésios 5:28). "Maridos, ame cada um a sua mulher e não a tratem com amargura" (Cl 3:19). Desde que o movimento feminista entrou nas igrejas, há uma "mistura" dos papéis e mandamentos dados aos homens e às mulheres. Nós continuamos a ouvir que Deus ordenou que homens e mulheres amassem os seus cônjuges. Esse "mandamento" foi dado apenas ao marido. Na verdade, a única *referência* a uma mulher para amar seu marido é dada em Tito. A mulher mais velha é encorajada a *ensinar* a mulher mais nova a amar seu marido e seus filhos. Deuteronômio 4:2 diz, "Nada acrescentem às palavras que eu lhes ordeno..." Isto significa que uma esposa não deve amar seu marido? Enfaticamente, não! "...e vivam em amor, como também Cristo nos amou e se entregou por nós..." (Ef 5:2).

Já que é pedido às esposas que respeitem e se submetam aos maridos, eles deveriam tornar isso mais fácil para elas através do amor, conforme somos ordenados a ter em Efésios 5. A sua esposa tem problemas para lhe respeitar? Ore por oportunidade de ganhar o respeito dela. Faça algo que exija caráter, humildade ou algum outro atributo que possa estar faltando em você.

Em resumo, mostre-se como um homem de Deus. Os resultados serão um profundo amor por você. "Nós amamos porque ele nos amou primeiro." (1 João 4:19). As nossas esposas nos amarão por causa do nosso amor por Deus. Quando seguirmos os seus mandamentos, nós nos tornaremos mais semelhantes a Ele.

Nos separará? Um marido que mostra verdadeiro amor por sua esposa, da forma que ele é orientado a amar, será protegido da separação ou divórcio. "Quem nos separará do amor de Cristo? Será tribulação, ou angústia, ou perseguição, ou fome, ou nudez, ou perigo, ou espada?" (Romanos 8:35).

O amor nos constrange. O seu amor por sua esposa irá motivá-la a fazer o que você pede, da mesma forma que o amor por nossos filhos é a motivação que eles têm para nos obedecer como pais. "Porque o amor de Cristo nos constrange..." (2 Coríntios 5:14).

Vivam em amor. Dizer que você a ama não é o suficiente. Algumas vezes as nossas atitudes falam muito mais alto do que as palavras. "...e vivam em amor, como também Cristo nos amou e se entregou por nós..." (Ef 5:2). Se você está vivendo separadamente de sua esposa, comece agora a tratá-la da forma que você deveria. Mostre-a o amor que está descrito em 1 Coríntios capítulo 13, que é incondicional, sem julgamento sempre que você tiver a oportunidade de vê-la, escrevê-la ou de falar com ela.

Uma só carne. "Então o Senhor Deus fez cair um sono pesado sobre Adão, e este adormeceu; e tomou uma das suas costelas, e cerrou a carne em seu lugar; e da costela que o Senhor Deus tomou do homem, formou uma mulher, e trouxe-a a Adão. E disse Adão: Esta é agora osso dos meus ossos, e carne da minha carne; esta será chamada mulher, porquanto do homem foi tomada." Gênesis 2:21-23. "E SERÃO OS DOIS UMA SÓ CARNE; e assim já não serão dois, mas uma só carne." Marcos 10:8. "Assim não são mais dois, mas **uma só carne**. Portanto, o que Deus ajuntou não o separe o homem." Mateus 19:6.

Uma mulher não deseja tanto a unidade física o quanto ela deseja que seu marido seja "um" com ela emocionalmente, espiritualmente e mentalmente. Você e sua esposa têm os mesmos objetivos e direções? Você está permitindo ou estimulando a divisão em sua casa? Você encorajou sua esposa a prosseguir uma carreira ou uma qualificação que acabou por causar divisão em seu casamento? Deus criou a mulher para ajudar e completar o homem. Uma vez que o casamento ocorre, eles são "não são mais dois, mas uma só carne." Isso significa que eles vivem suas vidas juntos, e não como "colegas de quarto", onde cada um tem uma vida independente do outro.

Homem independente da mulher. Nós devemos ser uma só carne em nosso coração e nos nossos desejos. Deus criou as mulheres com certas necessidades e os homens com certas necessidades. Os vazios em nossa vida e na vida de nossos esposas criam um tipo de engrenagem conforme nos movemos pelo cotidiano da vida.

Se enchermos nossos vazios nós mesmos ou com algo que seja além do nosso cônjuge, a engrenagem desliza. Quanto mais enchemos nossos vazios de forma independente um do outro, mais o nosso relacionamento deslizará. Logo descobriremos que não restou nada para nos segurarmos. O mundo tem dito às esposas que elas devem suprir as *suas* próprias necessidades e deixar os maridos se virarem sozinhos. A co-dependência é um termo da moda na psicologia nos dias de hoje para nos convencer de que não é bom que um marido e sua esposa dependam um do outro. Mas o que a Palavra de Deus nos diz sobre a nossa dependência do outro enquanto casal? "No Senhor, todavia, a mulher não é independente do homem, nem **o homem independente da mulher**. Pois, assim como a mulher proveio do homem, também o homem nasce da mulher. Mas tudo provém de Deus." 1 (Coríntios 11:11-12). Quando violamos os caminhos de Deus, colhemos as consequências. Ore por uma oportunidade de suprir as necessidades de sua esposa agora mesmo, mesmo que você não esteja em casa.

Com sofrimento. "E ao homem declarou: "Visto que você deu ouvidos à sua mulher e comeu do fruto da árvore da qual eu lhe ordenara que não comesse, maldita é a terra por sua causa; **com sofrimento** você se alimentará dela todos os dias da sua vida." (Gen. 3:17). Após a queda do homem, o homem e a mulher recebeu cada um o castigo, a mulher foi dado a dor no parto e ao homem foi dado a labuta no solo ou no trabalho. Então, por que é que o castigo do *homem* agora é dividido entre o homem e a mulher?

Quando a mulher tem o seu próprio dinheiro, independente de seu marido, elas podem tomar suas próprias decisões sobre como gastá-lo. Quando a mulher tem uma carreira diferente da de sua casa e de seus filhos, isso divide os interesses do casal e eles se tornam independentes uns dos outros. Isso é exatamente o que acontece quando as esposas trabalham fora de casa como uma segunda provedora.

Protetor. Quando as mulheres se protegem, porque sentem que podem "lutar as suas próprias batalhas", para que elas precisam de um marido? É ela quem tem de se livrar de um vendedor em sua porta? Você esqueceu-se de como ser o homem do casamento desde que vocês se casaram e como lidar com essas situações? Quem realmente usa as calças na família? Quem é realmente mais forte?

Nós precisamos reconhecer que muitas vezes as nossas esposas tomaram o controle por causa da nossa negligência. Ou não demos conta do recado ou foi devido à nossa ausência por causa do trabalho, hobby ou qualquer outra coisa. Uma vez que você seja capaz de reconhecer isso, você será capaz de confessar as suas falhas como protetor para sua esposa. Você deve então começar a lidar com cada desafio que aparecer em sua família. Você pode dizer que não precisa defender sua família, pois não há ninguém querendo matá-la, mas e o garçom desagradável no restaurante, o homem da manutenção mal educado? E o seu adolescente desrespeitoso? Você permite que outros ataquem sua esposa? Os seus filhos estão totalmente cientes que eles terão que se explicar à *você* caso eles ousem apenas olhar de uma forma indevida para a mãe deles? Mesmo que você esteja morando em outro local, ore por uma oportunidade para mostrar-lhe a sua habilidade de protegê-la.

Perguntem a seus maridos em casa. Homem, você é o líder nas questões espirituais? Sua mulher vai até você para perguntar a sua opinião como o lide espiritual, ou ela diz, "Por que eu perguntaria a ele?" "O que ele sabe, eu sou a pessoa que vai a todos os estudos bíblicos, seminários, e participo de todas as reuniões na igreja!" O desejo dela é que você seja o líder espiritual. "Seu *marido* é respeitado na porta da cidade, onde **ele** toma assento entre as autoridades da sua terra." (Provérbios 31:23).

Mas muitos dos homens parecem ter coisas mais importantes para fazer do que liderar as suas famílias espiritualmente, tais como praticar esportes, hobbies, caçar, assistir televisão ou ir ao cinema, ou apenas se encontrar com os "caras". E ainda, se sua esposa ou filhos tiverem alguma pergunta sobre questões espirituais, elas precisam ir até o pastor ou ao professor da escola dominical para saber as respostas. "Se quiserem aprender alguma coisa, que **perguntem a seus maridos em casa**; pois é vergonhoso uma mulher falar na igreja." (1 Cor. 14:35). Separe um tempo agora mesmo para entrar na Palavra de Deus e se preparar.

Pai. Os maridos foram destituídos de seus de pais. Muitos são criticados pela forma como eles lidam ou tratam os filhos tantas vezes, que eles eventualmente param de "interferir". Deus deu para as crianças tanto uma mãe e como um pai com características distintas. Nossas crianças precisam de ambos os pais para que elas cresçam sem um monte preocupações ou problemas emocionais. Se os papéis são misturados e turvos, quem precisaria de um *pai*? "Honra teu pai e tua mãe...." Mat. 19:19. Quando seus filhos estiverem com você, mantenha-os em ordem e ensine-os a serem obedientes e mostrarem respeito por sua mãe quando estiverem com ela. (Isso serve para filhos de qualquer idade: 5, 15 ou 25 anos!).

Quem deve ser o Líder Espiritual?

Uma pergunta que muitas mulheres fazem é: "Quem deve ser o líder espiritual já que meu marido não quer ser ou não é?" Ou, muitas mulheres dirão, "Eu *tenho* de ser a líder espiritual de nossa casa, pois meu marido não é nem Cristão!" Por que há tantos homens negligenciando ou perdendo suas posições como líderes espirituais em suas famílias?

Conhece-se o seu marido. Todas as mulheres cristãs desejam que seus maridos sejam o líder espiritual. "**Conhece-se o seu marido** às portas, quando se assenta entre os anciãos da terra" (Pv 31:23). As mulheres muitas vezes tiveram de assumir a posição de liderança. A filosofia do mundo que destruiu a nação, agora está destruindo a igreja. Os homens têm negligenciado as suas posições na igreja. Eles deixaram a igreja para seguir seus próprios interesses. Quando os homens deixaram a igreja, muitas das esposas caem nas mãos de pastores liberais que tem feito muitas mulheres cativas. "São esses os que se introduzem pelas casas e conquistam mulheres instáveis sobrecarregadas de pecados, as quais se deixam levar por toda espécie de desejos. Elas estão sempre aprendendo, e jamais conseguem chegar ao conhecimento da Verdade" (2 Tm 3:6-7).

Não serve para nada. Igrejas demais estão agora transbordantes de homens fracos e de mulheres fortes. Isto está atrapalhando a efetividade da igreja como um todo porque os verdadeiros homens, os humildes homens Cristãos, não estão agindo! "Vocês são o sal da terra. Mas se o sal perder o seu sabor, como restaurá-lo? Não servirá para nada, exceto para ser jogado fora e pisado pelos homens" (Mt 5:13). Envolva-se completamente na igreja se você perdeu sua família. Faça isso agora, enquanto há tempo.

Seja sujeitas aos vossos próprios maridos em tudo. Homens, vocês esperam que suas esposas assumam a posição de líder sua família? "Vós, mulheres, sejam sujeitas a vossos maridos, como ao Senhor... a seus maridos em tudo." Ef. 5:22-24. Fica claro, a partir da Escritura acima, que Deus colocou **todos** os maridos no papel de liderança da casa. Vamos ver o que ocorre quando as coisas ficam fora de ordem.

Ninguém pode servir a *dois* senhores. Quando o homem é negligente ao liderar sua família e por se responsabilizar pelas coisas que acontecem em seu lar, as esposas e os filhos começarão a odiá-lo. Lembre-se, você tem transferido suas responsabilidades para outras pessoas ou instituição. Por que eles iriam ouvi-lo? "Ninguém pode servir a *dois* senhores, porque ou há de **odiar um** e **amar o outro**, ou se **dedicará a um** e **desprezará o outro**." Mat. 6:24.

Você vê este princípio em ação quando uma criança, que costumava ouvir seus pais, é mandada para a escola. De repente, essa criança doce lhe diz o que o professor disse, e agora *você* está errado. Enviamos nossos filhos e filhas para a faculdade, junto com o nosso dinheiro, e eles chegam em casa durante as férias e nos tratam como o idiota da cidade!

Ele o fará. Sua esposa age como se fosse o seu Espírito Santo? Por que ela faz isso? Novamente, por causa da sua negligência e estupidez em questões Espirituais. Sua esposa conhece a Bíblia melhor do que você? Ou pior, seus filhos são mais bem versados nas Escrituras do que você? Você como pai, se certifica de que suas crianças estejam na escola dominical ou na escola cristã, mas deixa é negligente ao ter o seu próprio conhecimento?

Se você acha que é muito tarde ou que você está muito atrás para ultrapassar sua esposa e filhos para liderá-los de forma adequada, você está errado. Já que Deus foi quem o chamou para liderar o seu lar, Ele irá capacitá-lo para cumprir esse papel.

Nós devemos confessar os nossos pecados de negligência. "Confessai as vossas culpas uns aos outros e orai uns pelos outros, para que sareis. A oração feita por um justo pode muito em seus efeitos" (Tiago 5:16). Confesse para sua esposa e filhos. Então ore por oportunidades de liderá-los. Fale com seus filhos sobre o Senhor e diga-lhes como Ele está ajudando-o.

Se vanglorie de nossas fraquezas. "E disse-me: A Minha graça te basta, porque o Meu poder se aperfeiçoa na fraqueza. De boa vontade, pois, me gloriarei nas minhas fraquezas, para que em mim habite o poder de Cristo." (2 Coríntios 12:9). Quando sua esposa o atacar ou apontar suas falhas, concorde com ela e vanglorie-se. Isso é humildade em ação!

E acima de tudo, confie no Senhor. "Entrega o teu caminho ao Senhor; confia Nele, e *Ele o fará*" (Salmos 37:5). Se você quer começar a liderar espiritualmente sua família, comece primeiramente com um período de oração. Então comece a ler sua Bíblia regularmente. Deus irá guia-lo e direcionará os seus passos se seus esforços forem sinceros.

Lavar da água mediante a Palavra. Homens, vocês devem ser extremamente cuidadosos com o que vocês dizem para suas esposas, com o que vocês leem para sua esposa, e sobre o que vocês a encorajam a olhar. "Maridos, amem suas mulheres, assim como

Cristo amou a igreja e entregou-se a si mesmo por ela para **santificá-la**, tendo-a **purificado pelo lavar da água mediante a Palavra**, e apresentá-la a si mesmo como igreja gloriosa, sem mancha nem ruga ou coisa semelhante, mas santa e inculpável." (Efésios 5:25-27).

Se você está separado ou divorciado, leia os seus versos em voz alta. Então peça para o Senhor purificá-la onde ela estiver. Continue fazendo isso quando vocês estiverem juntos. Isso foi o que Oséias fez com Gomer: "Portanto, eis que Eu a **atrairei** e a levarei para o deserto, e lhe falarei ao coração... E da sua boca tirarei os nomes dos Baalins, e não mais se lembrará desses nomes." (Oséias 2:14, 17).

Você pode reclamar sobre as perturbações ou as mentiras dela, ou da forma que ela loucamente briga com você; porém você já parou para pensar sobre o que você e sua família estão assistindo na televisão todos os dias? Você está assistindo aos estúpidos programas onde os homens são retratados como bobos e as mulheres são todas comediantes contenciosas? Quais são os filmes com que você satura sua esposa e filhos? Quais são os tipos de filmes que **você** está assistindo? Da próxima vez que você, sua esposa, ou sua família se sentar para assistir qualquer *coisa*, pense como se fosse um "filme de treinamento". O comportamento que você e sua família estão assistindo na televisão será aprendido e copiado!

A porta estreita. Homens, passem por essa **porta estreita** e parem de assistir televisão. Parem de mandar seu dinheiro para Hollywood através do cinema ou locadora de vídeo. "Entrai pela porta estreita; porque larga é a porta e espaçoso o caminho que conduz à perdição, *muitos são os que entram por ela.*" (Mateus 7:13).

Pare de dar desculpas para cobrir a sua liderança comprometedora. Passe o seu tempo se deleitando no Senhor. Lembre-se, Ele promete atender os desejos do seu coração. (Salmos 37:4).

Praticar a vossa justiça diante dos homens. Você vai à igreja para mostrar aos outros o homem que você finge ser? "Acautelai-vos de praticar **a vossa justiça diante dos homens** para ser notado por eles, caso contrário, **não tereis recompensa** junto de vosso Pai que está nos céus." Matt. 6:1. Nossas ações devem ser uma manifestação do que está em nós.

Vocês irão conhecê-los pelos seus frutos. Quais são os seus frutos como cristão? "**Vocês irão conhecê-los pelos seus frutos.**" Mat. 7:16. Se você, enquanto marido e pai, não está liderando sua família diariamente na Palavra, então, você está produzindo espinhos, e não frutos. Você le sua Bíblia diariamente? Por quanto tempo? Compare o tempo que você gasta lendo o jornal ou a página de esporte, ou assistindo a outras coisas com o tempo que você passa na Palavra. Você está aprendendo alguma coisa que você leu neste livro? Alguém pode ver alguma mudança em você a partir de sua leitura?

"Aquele que ouve a palavra, mas não a põe em prática, é semelhante a um homem que olha a sua face num espelho e, depois de olhar para si mesmo, sai e logo esquece a sua aparência. Mas o homem que observa atentamente a lei perfeita que traz a liberdade, e **persevera na prática dessa lei, não esquecendo o que ouviu** mas **praticando-o,** *será feliz naquilo que fizer.* (Tiago 1:23-25). Eu ouvi recentemente um pastor pedir para as pessoas que acreditam no que elas leem nos jornais levantarem as mãos. Quase ninguém levantou a mão. Então ele perguntou quantos acreditavam na Bíblia. Todos levantaram a mão. Então ele disse, "Por que então vocês passam mais tempo lendo o que vocês não acreditam ao invés de ler o que acreditam?"

Refreia a sua língua. "Se alguém *se considera* religioso, mas não **refreia a sua língua,** engana-se a si mesmo. Sua religião **não tem valor algum!**" (Tiago 1:26). Nós acabamos de falar sobre a importância de sua esposa ser lavada pela água da Palavra. Você já leu as Escrituras para *ela*? Quando foi a última vez que você pronunciou palavras indelicadas para ela? Devemos controlar as nossas línguas violentas e ofensivas!

O salvador. "Pois o **marido** é o cabeça da mulher, como *também* **Cristo** é o cabeça da igreja, que é o seu corpo, do qual ele é o **Salvador**" (Ef 5:23). **O marido deve ser o salvador do corpo**. Talvez você pense que sua esposa deva ser a salvadora. Quando há uma crise financeira, ou qualquer crise, realmente o marido deveria ser o que "salva o dia". Não encoraje sua esposa a sair por aí e arrumar um emprego ou a fazer um plano financeiro. Isto somente *lhe* rouba da bênção. Homens, vocês devem assumir o papel de cabeça do lar e o salvador do corpo. Ore para o Senhor abençoá-lo financeiramente, e então volte-se e abençoe sua esposa com a sua abundância.

Criado para carregar as cargas. Você foi criado para carregar as cargas da família. Simplesmente olhe para seus ombros largos e musculosos comparados aos ombros de sua esposa. As mulheres têm até tentado imitar estes ombros com as ombreiras! Os homens são realmente feitos para trabalhar melhor sob pressão. Talvez você ache que não pode lidar com a pressão, porque sua esposa sempre foi a sua rede de segurança.

As mulheres, por outro lado, foram criadas para lidar com *várias* coisas ao mesmo tempo. Elas são capazes de fazer a casa funcionar com toda sua manutenção e lidar com crianças de várias idades, personalidades e necessidades, as refeições, a limpeza, a arrumação contínua, e os horários agitados da família. Parece que elas conseguem fazer tudo. Mas enquanto elas estão tentando fazer tudo, o que então você está fazendo? Infelizmente, normalmente brincando—jogando esportes, trabalhando em hobbies ou vendo televisão.

Nos alimenta. Nós sabemos que os maridos deveriam ser quem "traz a comida" para casa, mas é de alimento espiritual que nossas crianças e nós estamos literalmente famintas! "...ninguém jamais odiou o seu próprio corpo, antes o alimenta e dele cuida, como também Cristo faz com a igreja." (Efésios 5:29). Esta alimentação deve vim da "Palavra de Deus". A maioria dos homens se sente totalmente inadequado nesta área. Muitos homens nem sequer sabem por onde começar. Ore para que o Senhor o fortaleça e oriente; ore por isso **diariamente**! Satanás irá ataca-lo nesta área, porque ele sabe o quão importante esta área é para liderar a família. Ele fará com que você se sinta inútil, incapaz e totalmente estúpido. *Eu sei. Ele fez isso comigo!* Ele usará brigas com sua esposa e seus filhos para impedir seus momentos de leitura da Palavra de Deus. Você é homem o suficiente para lutar contra isso no espírito?

Comece ganhando uma batalha de cada vez para adquirir a força que você precisa para se tornar vitorioso nessa área de vida espiritual de sua família. Não apenas os envie para estudos bíblicos, seminários, escolas dominicais ou escola bíblica de férias. Para ser eficiente na liderança do seu lar, você deve resistir à tentação de transferir a sua liderança para outros. Se você sente que não tem tempo suficiente, ore para que Deus mostre o que você deveria eliminar e como você deveria alimentar sua família **diariamente** com a Palavra de Deus. Faça isso agora. Ore uma oração curta, e então obedeça. Seria sábio escrever os plano de Deus em um papel e colocar em um lugar visível.

Compromisso Pessoal: Parar de viver de forma desleal com minha esposa. "Baseado no que tenho aprendido da Palavra de Deus, comprometo-me a renovar a minha mente com a verdade. Eu confesso que eu tenho vivido de uma forma desleal com minha esposa e eu estou buscando a Deus pelo poder de transformação. Eu também me comprometo a purificar a minha esposa com a Palavra e liderar minha família espiritualmente."

Data: _____ Assinatura: _____

Capítulo 9

Bem-Aventurados os Mansos

"Bem-aventurados os mansos,
porque eles herdarão a terra."
Mateus 5:5

Manso é frequentemente chamado de fraco. Mesmo assim Jesus nos disse "Bem-aventurados são os Mansos"! No dicionário, a definição de manso é *humildemente submisso*. Na concordância, manso é definido como *gentil, humilde, educável e que permite ser treinado*.

Infelizmente, os maridos lidam com suas esposas basicamente de duas formas: ou as tratam de forma apática ou eles usam o 'amor difícil'. Nesse capítulo, iremos buscar a Palavra de Deus para descobrir a verdade sobre o amor, humildade, perdão e mansidão.

Verdadeiro Amor?

O amor é paciente. Deus nos dá uma descrição do amor. Veja se consegue achar a palavra 'difícil' ou qualquer palavra similar: "**O amor é sofredor (paciente)**, é benigno; o amor não é invejoso; o amor não trata com leviandade, não se ensoberbece. Não se porta com indecência, não busca os seus interesses, **não se irrita, não suspeita mal**, não folga com a injustiça, mas folga com a verdade. Tudo sofre, tudo crê, tudo espera, tudo suporta. O amor nunca falha..." (1 Coríntios 13:4-8).

Isto Eu vos ordeno. Outra frase popular na igreja atualmente é: 'O amor é uma escolha'. Quando Erin ouviu isso, era normal na época ela sentir que não queria mais me amar; graças a Deus, ela consultou a Bíblia. Deus realmente disse que ela pode "escolher" me amar? Ou, conforme ela descobriu, Deus nos **ordena** que amemos, como imitadores de Cristo? "Isto vos **mando**: Que vos **ameis uns aos outros**" (João 15:17). Temos sim uma escolha: de obedecer a Seu **comando** ou não.

Faça o bem, abençoe, ou ore. Às vezes quando nossas esposas agem de uma forma inadequada, especialmente se ela nos pressiona ou manipula, nós achamos que precisamos "coloca-las em seu devido lugar". Essa é a hora de mostrar-lhes amor ou não? "Mas a vós, que isto ouvis, digo: **Amai a vossos inimigos**, fazei bem aos que vos odeiam, bendizei os que vos maldizem, e orai pelos que vos caluniam" (Lucas 6:27-28). Deus nos deu apenas três opções quando lidamos com as pessoas que preferiríamos ser duros: fazer o bem, abençoar, ou orar por eles.

Ame seus inimigos. Nesta passagem Deus é até mais claro. "Eu, porém, vos digo: **Amai a vossos inimigos**, bendizei os que vos maldizem, fazei bem aos que vos odeiam, e orai pelos que vos maltratam e vos perseguem (...) Pois, **se amardes os que vos amam**, que galardão tereis? Não fazem os publicanos também o mesmo?" (Mateus 5:44-46).

Vence o mal com o bem. "Alegrai-vos na esperança, sede pacientes na tribulação, perseverai na oração. (...) Abençoai aos que vos perseguem, abençoai, e não amaldiçoeis. (...) **A ninguém torneis mal por mal**; procurai as coisas honestas, perante todos os homens. Se for possível, quanto estiver em vós, tende paz com todos os homens. Não vos vingueis a vós mesmos, amados, mas **dai lugar à ira (de Deus)**, porque está escrito: MINHA É A VINGANÇA; EU RECOMPENSAREI, diz o Senhor. Não te deixes vencer do mal, mas **vence o mal com o bem**." (Romanos 12:12-21).

Entregava-se Àquele. Quando você sente vontade de repreender a sua esposa e não o faz, pode ser muito frustrante. Leia a explicação de Deus: "Porque para isto sois chamados; pois também Cristo padeceu por nós, deixando-nos o exemplo, para que sigais as Suas pisadas. (...) Quando O injuriavam, **não injuriava**, e quando padecia **não ameaçava**, mas entregava-se Àquele (Deus) que julga justamente" (1Pedro 2:21-23).

Eles herdarão a terra. Se você não tomar uma "posição firme", os outros dirão que você é um "capacho". Entretanto, deixe-me lembrar-lhe quem Jesus disse que são "bem-aventurados": "**Bem-aventurados os mansos**, porque eles herdarão a terra." (Mateus 5:5).

Para que você *não* faça o que quer. Quando tivermos um impulso para fazer ou dizer alguma coisa que não seja gentil e amável para sua esposa, então estamos andando na carne e não no Espírito. "Digo, porém: Andai em Espírito, e não cumprireis a concupiscência da carne. Porque a carne cobiça contra o Espírito, e o Espírito contra a carne; e estes opõem-se um ao outro, **para que não façais o que quereis**. (...) Mas o fruto do Espírito é: amor, gozo, paz, longanimidade, benignidade, bondade, fé, mansidão, temperança" (Gálatas 5:16-17 e 22-23). "E como vós quereis que os homens vos façam, **da mesma maneira lhes fazei vós**, também" (Lucas 6:31).

A benignidade de Deus. Satanás tenta nos enganar, levando-nos a pensar que confrontar e ser indelicado e duro vá fazer a outra pessoa se arrepender. Se isto funcionasse, porque Deus usaria benignidade para nos conduzir ao arrependimento? Pecadores não se voltam em direção a Jesus porque pensam que serão criticados ou castigados, não é? "Ou desprezas tu as riquezas da Sua benignidade, e paciência e longanimidade, ignorando que **a benignidade de Deus** te leva ao arrependimento?" (Romanos 2:4).

O ministério da reconciliação. "E tudo isto provém de Deus, que nos reconciliou consigo mesmo por Jesus Cristo, e nos deu o **ministério da reconciliação.** Isto é, Deus estava em Cristo reconciliando consigo o mundo, não lhes imputando os seus pecados; e pôs em nós a palavra da reconciliação. De sorte que somos **embaixadores** da parte de Cristo, como se Deus por nós rogasse. Rogamo-vos, pois, da parte de Cristo, que vos reconcilieis com Deus" (2 Coríntios 5:18-20).

Vocês que são espirituais. O seguinte versículo é a régua para a nossa espiritualidade. Você é capaz de restaurar sua esposa com um espírito de gentileza? "Irmãos, se algum homem chegar a ser surpreendido nalguma ofensa, vós, que sois espirituais, **encaminhai o tal com espírito de mansidão**; olhando por ti mesmo, **para que não sejas também tentado.** Levai as cargas uns dos outros e assim cumprireis a lei de Cristo" (Gálatas 6:1-2). Esse verso nos adverte para sermos gentis com os outros mesmo quando pecaram contra nós ou seremos tentados nas mesmas transgressões.

Praticantes da Palavra. É importante que nós aprendamos a verdade e concordemos com o que lemos na Bíblia, mas não devemos parar por aí. "E sede **cumpridores da Palavra**, e não somente ouvintes, enganando-vos com falsos discursos... não sendo ouvinte esquecidiço, mas fazedor da obra, este tal será bem-aventurado no seu feito" (Tiago 1:22,25). "Aquele, pois, que **sabe fazer o bem** e não o faz, comete pecado" (Tiago 4:17).

Perdão

Muitos homens não perdoam suas esposas pois não entendem completamente as graves consequências de sua falta de perdão. Vamos pesquisar as Escrituras para ver o que Deus diz sobre perdoar aos outros. Eis algumas questões que devemos perguntar:

Q. Por que devo perdoar?

Cristo também lhe perdoou. "Antes sede uns para com os outros benignos, misericordiosos, perdoando-vos uns aos outros, como também Deus **vos perdoou em Cristo**" (Efésios 4:32).

Porque Jesus derramou Seu sangue. Jesus derramou seu sangue para o perdão de pecados "E quase todas as coisas, segundo a lei, se purificam com sangue; e sem derramamento de sangue não há remissão (perdão)" (Hebreus 9:22). "Porque isto é o meu sangue; o sangue (da aliança) do novo testamento, que é derramado por muitos, **para remissão dos pecados**" (Mateus 26:28).

Console-a. Para aliviar o pesar do ofensor: "...deveis antes perdoar-lhe e **consolá-lo**, para que o tal não seja de modo algum devorado de demasiada tristeza. Por isso *vos rogo* que **confirmeis para com ele o vosso amor**" (2 Coríntios 2:7-8). Isso realmente vai de encontro à nossa natureza; é tão fácil atacar e tentar encontrar os erros de sua esposa, não é?

Você é ignorante aos seus esquemas? "E a quem perdoardes alguma coisa, também eu; porque, o que eu também perdoei, (...) por amor de vós o fiz na presença de Cristo; para que **não sejamos vencidos por Satanás**, porque não ignoramos os seus ardis" (2 Coríntios 2:10-11). Não permita que Satanás ganhe vantagem sobre nenhum de vocês.

Perdoe-a do fundo do coração. Deus disse que não nos perdoaria se não perdoássemos aos outros. "Porque, se perdoardes aos homens as suas ofensas, também vosso Pai celestial vos perdoará a vós. Se, porém, não perdoardes aos homens as suas ofensas, também **vosso Pai vos não perdoará as *vossas* ofensas**" (Mateus 6:14-15). (Leia todo o trecho de Mateus 18:22-35).

Q. Mas o ofensor não deve estar arrependido para que eu perdoe?

Pai, perdoa-lhes. Aqueles que crucificaram a Jesus nunca pediram perdão, nem estavam arrependidos pelo que estavam fazendo ou pelo que fizeram. Se nós somos Cristãos, somos imitadoras de Cristo, desta forma, devemos imitar Seu exemplo. "E dizia Jesus: **Pai, perdoa-lhes, porque não sabem o que fazem**" (Lucas 23:24). Quando Estevão estava sendo apedrejado, ele clamou pouco antes de morrer: "**Senhor, não lhes imputes este pecado**" (Atos 7:60).

Q. Mas com que frequência Deus espera que eu perdoe?

Setenta vezes sete. Quando Pedro perguntou quantas vezes ele deveria perdoar, Jesus disse: "Não te digo que até sete; mas, até **setenta vezes sete**" (Mateus 18:22).

Alcanceis a bênção. Nós todos sabemos o que significa uma herança monetária. Eis uma herança espiritual que Deus nos chama a alcançar: "Não tornando mal por mal, ou injúria por injúria; antes, pelo contrário, bendizendo; sabendo que para isto fostes chamados, para que por herança **alcanceis a bênção**" (1 Pedro 3:9). Aqueles que têm ouvidos, ouçam esse chamado.

Esqueça. Perdoar significa realmente que esquecerei aquele pecado, mesmo numa discussão? "Porque lhes perdoarei a sua maldade, e **nunca mais Me lembrarei** dos seus pecados" (Jeremias 31:34). "Assim como está longe o oriente do ocidente, assim afasta de nós as nossas transgressões" (Salmos 103:12). Você relembra coisas do passado? Não permita que Satanás lhe use para condenar a sua esposa ou outros que receberam o perdão ao relembrar coisas do passado. Mas você diz que sua esposa faz isso o tempo todo? Tome a liderança, você é o homem, você precisa ser o protetor dela e não o seu acusador!

Q. Como posso perdoar da forma como Deus me pede para fazer em Sua Palavra?

Quem pode perdoar pecados? Somente Deus pode ajudá-lo a perdoar. Você deve humilhar-se e pedir que Ele lhe dê a graça. "Quem pode perdoar pecados, senão Deus?" (Marcos 2:7).

Graça aos humildes. Como consigo a graça que preciso? "Revesti-vos de humildade, porque Deus resiste aos soberbos, mas **dá graça aos humildes**. Humilhai-vos, pois, debaixo da potente mão de Deus, para que a seu tempo vos exalte." (1 Pedro 5:5-6).

Humilhava. Como posso ganhar humildade? "Porquanto se rebelaram contra as palavras de Deus e desprezaram o conselho do Altíssimo. Portanto, **lhes abateu o coração** *com trabalho*; tropeçaram, e não houve quem os ajudasse. Então clamaram ao Senhor na sua angústia, e os livrou das suas dificuldades" (Salmos 107:11-13). "Mas, quanto a mim, **humilhava a minha alma** *com o jejum*, e a minha *oração* voltava para o meu seio" (Salmos 35:13). Algumas vezes poderá ser através de uma enfermidade que Ele aquietará e humilhará você. Não lute contra isto - é Deus operando!

Vai primeiro. Quando preciso perdoar aqueles que me feriram? Não devo sentir-me convencido disto primeiro? "Portanto, se trouxeres a tua oferta ao altar, e aí te lembrares de que teu irmão tem alguma coisa contra ti, deixa ali diante do altar a tua oferta, e **vai reconciliar-te primeiro com teu irmão** e, depois, vem e apresenta a tua oferta" (Mateus 5:23-24). Se você não perdoou alguém, especialmente sua esposa, você deve pedir perdão.

Retiradas. Não perdoar alguém gera amargura. A definição de amargura é 'veneno'! "Toda a **amargura**, e ira, e cólera (...) sejam tiradas dentre vós." Efésios 4:31. Não perdoar alguém é corrosivo para *você* mesmo, não para a outra pessoa! "O coração conhece a sua própria amargura" (Provérbios 14:10). "Porventura não esquadrinhará Deus isso? Pois Ele sabe os segredos do coração" (Salmos 44:21).

Um irmão ofendido. Esteja certo de que você siga as diretrizes bíblicas quando for se reconciliar com sua esposa (ou outra pessoa). Você pode já ter ouvido muitas pessoas dizerem que as coisas ficaram piores quando pediram perdão ou que isto não causou nenhuma melhora. Certifique-se de falar com humildade e sinceridade, pois se você pedir perdão declarando isto da forma errada, você pode ofender ainda mais a outra pessoa. "**O irmão ofendido** é mais difícil de conquistar do que uma cidade forte; e as contendas são como os ferrolhos de um palácio" (Provérbios 18:19).

Pequei. O Filho Pródigo preparou suas palavras após sua decisão de voltar para casa: "Levantar-me-ei e irei ter com meu pai, e dir-lhe-ei: **Pai, pequei** contra o céu e perante ti; já não sou digno de ser chamado teu filho; faze-me como um dos teus jornaleiros" (Lucas 15:18-19).

Toda palavra em vão. Toda palavra que você disser deve ser escolhida cuidadosamente. "Mas eu vos digo que de **toda a palavra ociosa (em vão)** que os homens disserem *hão de dar conta* no dia do juízo" (Mateus 12:36). Tente escrever o que você irá falar. Então leia em alta voz o que escreveu, colocando-se no lugar da outra pessoa e ouvindo do ponto de vista dela. Isto soa como acusação? Peça a Deus para colocar as palavras certas na sua boca e falar através de você.

Muitas palavras. "Na **multidão de palavras** não falta pecado, mas o que modera os seus lábios é sábio" (Provérbios 10:19). Apenas diga o que *você* fez; não comece a frase com algo do tipo '*Quando você fez isto, e isto e isto, bem, então eu...*'.

Ele não ameaçou. Se a outra pessoa começar a atacá-la, não abra sua boca, exceto se houver algo para concordar. "O qual, quando O injuriavam, não injuriava, e quando padecia **não ameaçava...**" (1 Pedro 2:23).

Doces para a alma. Use palavras doces e gentis. "A doçura dos lábios aumentará o ensino (persuasão)" (Provérbios 16:21). "As palavras suaves são favos de mel, **doces para a alma**, e **saúde** para os ossos" (Provérbios 16:24).

Se manifeste aquilo que agrada o seu coração. Alguns homens que se sentem culpados por causa da infidelidade no passado conversam com suas esposas com o propósito de revelarem os seus próprios sentimentos de culpa. Tenha cuidado com a dor que sua esposa sentirá com a sua confissão. Não use a desculpa do arrependimento para atirar a sua culpa nela. "O tolo não tem prazer na sabedoria, mas só em que se manifeste aquilo que agrada o seu coração" (Provérbios 18:2).

Confesse e deixe. Confesse para outro homem cristão o seu pecado de adultério e preste contas a ele. "O que encobre as suas transgressões nunca prosperará, mas o que as confessa e deixa, alcançará misericórdia" (Provérbios 28:13). Se você tem certeza que sua esposa já sabe, suspeita, ou já lhe confrontou sobre esse pecado, sem dúvida confesse.

Torpe. Seja discreto e deixe os detalhes de fora! Algumas mulheres, ao tentarem desesperadamente aliviarem as suas dores, imploram para que seus maridos contem os detalhes. "Porque o que eles fazem em oculto **até dizê-lo** é torpe" (Efésios 5:12). Ame sua esposa o suficiente para protegê-la.

Jamais de apagará. Esteja preparado para colher o que você plantou confortando-a e apoiando-a em sua dor. Não revide dizendo "você não me perdoou" se ela se ferir ou sofrer por um bom tempo. Pode ser que leve anos, ou uma vida inteira para que ela se recupere dessa ferida. Não deixe que isso lhe desencoraje, mas deixe que isso seja usado para o bem, tendo em mente que isso lhe dará mais oportunidades de ministrar com amor e paciência a ela. "Assim, o que adultera com uma mulher é **falto de entendimento**; aquele que faz isso destrói a sua alma. Sofrerá ferimentos e vergonha, e a sua humilhação jamais se apagará" (Provérbios 6:32-33).

Compromisso Pessoal: desejar e esforçar-me para ser manso. "Baseado no que aprendi da Palavra de Deus, comprometo-me a fazer tudo que aprendi ao ser rápido para ouvir e tardio para falar; a perdoar àqueles que me ofenderam e fazer o que puder para reconciliar-me com os que ofendi".

Data: _____ Assinado: _____

Testemunho

Quando Debbie* conheceu seu marido Matt*, sua mãe disse que não havia como *ele* ser o líder de seu lar. Ela disse, "Debbie, você é muito teimosa e cabeça dura".

Mas após vários anos de casamento, na verdade ocorreu o oposto. Matt, apesar de muito gentil, extremamente manso e bondoso, ganhou a admiração e o respeito de Debbie. Ela disse, "Eu faço o que ele disser porque eu quero fazer, e mesmo quando eu não quero, eu faço mesmo assim!" O marido de Debbie obviamente tem muitas qualidade de Cristo: mansidão, gentileza e bondade.

Aqueles que seguem ao Senhor o fazem, pois Ele demonstrou o amor de Deus. Matt também ganhou uma seguidora: Debbie.

*Esses não são os nomes verdadeiros.

Capítulo 10

Desejos do Seu Coração

*"Como ribeiros de águas, assim é o coração do rei
na mão do SENHOR,
que o inclina a todo o Seu querer."*
Provérbios 21:1

Alguém já disse que sua esposa tem a sua própria vontade, portanto, ela pode ''escolher'' não voltar para você?

Ao tentar restaurar seu casamento, você será bombardeado, assim como outros homens foram, pelos ataques daqueles que dirão que é a escolha da sua esposa, seu ''livre-arbítrio'', escolher deixá-lo ou estar com outro homem. Mas, louvado seja Deus, isso não é verdade!!

A chave não é a vontade da sua esposa, mas a vontade de **Deus**! E ao buscar a Palavra de Deus fica claro que é Sua vontade converter o coração de sua esposa de volta para você, seu marido, porque foi Ele quem os uniu. Glória a Deus!

NÃO é a Vontade do Homem, Mas a Vontade de Deus!!!

"Ele faz a **Sua *Vontade***..." (Daniel 4:31).

" (Deus) o dá a quem (**Ele**) quer..." (Daniel 4:25).

"...O nosso **Deus**, a quem nós servimos, é que nos pode livrar" (Daniel 3:17).

Considere Nabucodonosor. Depois de seu orgulho ter feito com que ele vagasse como um animal, disse de Deus: "...Segundo a Sua vontade Ele opera com o exército do céu e os moradores da terra; não há quem possa estorvar a Sua mão, e Lhe diga: Que fazes?" (Daniel 4:35). Não é o mesmo Deus que continua operando de acordo com a Sua vontade? Sua esposa é maior que o rei Nabucodonosor?

Considere também Jonas. Jonas não queria fazer o que Deus queria que ele fizesse, mas Deus **fez** ele querer. "Preparou, pois, o SENHOR um grande peixe, para que tragasse a Jonas; e esteve Jonas três dias e três noites nas entranhas do peixe" (Jonas 1:17). Deus é MAIS DO QUE CAPAZ para fazer a sua esposa querer!!!

Finalmente, considere Paulo. "E Saulo, respirando ainda ameaças e mortes contra os discípulos do Senhor, (...) subitamente o cercou um resplendor de luz do céu. (...) e Saulo levantou-se da terra, e, abrindo os olhos, não via a ninguém. (...) o Senhor Jesus, que te apareceu no caminho por onde vinhas, me enviou, para que tornes a ver e sejas cheio do Espírito Santo. E logo lhe caíram dos olhos como que umas escamas, e recuperou a vista; e, levantando-se, foi batizado" (Atos 9:1-18).

Deus é MAIS DO QUE CAPAZ para transformar sua esposa num instante!! *Eu tenho visto isto inúmeras vezes!* Se você diz, 'Mas você não conhece minha esposa, eu direi - você não conhece Deus!!!

Inclinando o Coração

Como eu mencionei antes, você poderá ouvir de alguns pastores e outros cristãos que é a vontade de sua esposa deixá-lo, se divorciar de você ou estar com outro homem. Mas acabamos de aprender na Bíblia que o que importa não é a vontade do homem, mas a vontade de Deus.

Pode ser a vontade de sua esposa deixá-lo, divorciar-se ou estar com outro homem. **Ainda assim, Deus pode transformar o coração dela!**

Você não precisa se preocupar com a vontade dela. Ao invés disso você precisa orar para que o coração de sua esposa seja convertido. "Como ribeiros de águas assim é o **coração** do rei na mão do **Senhor**, que o **inclina** a todo o Seu querer" (Provérbios 21:1).

Ore para que Deus dê a ela um novo coração e troque seu coração de pedra por um de carne! "E dar-vos-ei um **coração novo**, e porei dentro de vós um espírito novo; e tirarei da vossa carne o coração de pedra, e vos darei um **coração de carne**" (Ezequiel 36:26).

O primeiro passo para a conversão do coração de sua esposa é encontrar as promessas de Deus (Suas verdades) e então atender às condições destas promessas. Aqui estão várias que recomendamos que você memorize:

"Sendo os caminhos do homem agradáveis ao Senhor, até a seus inimigos faz que tenham paz com ele" (Provérbios 16:7).

"Deleita-te também no Senhor e te concederá os desejos do teu coração" (Salmos 37:4).

"Entrega o teu caminho ao Senhor; confia Nele, e Ele o fará" (Salmos 37:5).

"Mas, buscai primeiro o reino de Deus e a Sua justiça, e todas estas coisas vos serão acrescentadas" (Mateus 6:33).

Lembre-se de que você precisa colocar Deus em primeiro lugar em sua vida; Ele nunca deseja estar em segundo, depois de qualquer coisa ou de qualquer pessoa. Uma vez que Ele se torne o primeiro, você começará a ser transformado em Sua imagem. É aí então que você começará a ver o coração de sua esposa se inclinar de volta para você.

Se você luta com esse princípio da vontade do homem versus a vontade de Deus, você precisará renovar sua mente com os versículos desse capítulo para superar as dúvidas da "teologia da vontade humana" e substituí-las por aquilo em que Deus se concentra, que é o **coração**!

Vejamos as Escrituras que dizem como Deus transformou os corações de homens, inclusive de reis:

"Bendito seja o Senhor Deus ...que inspirou ao coração do rei..." (Esdras 7:27).

"E eis que (Eu) endurecerei o coração dos egípcios..." (Êxodo 14:17).

"O Senhor, porém, endureceu o coração de Faraó..." (Êxodo 10:27).

No livro de Provérbios aprendemos sabedoria. Provérbios 1:2-7 lista os benefícios dos Provérbios:

Para conhecer a sabedoria.
Para receber instrução.
Para receber instrução sobre o comportamento sábio.
Também receber instrução sobre retidão, justiça e equidade.
Prudência para o ingênuo.

Conhecimento para o jovem.

Leia Provérbios todos os dias para obter sabedoria! (Acesse os "Encorajamentos Diários" em nosso site para ler os versículos todos os dias.)

Esposas que estão de má vontade

Nem todas as esposas voltam para casa, mesmo depois de Deus inclinar seus corações. Muitas esposas, infelizmente, vão contra seus corações porque seus maridos continuam a ser os mesmos homens que elas escolheram deixar. Mais uma vez, Deus é MAIS DO QUE CAPAZ para inclinar o coração da sua esposa de volta para você. Mas, se você continua a ser impaciente, rude e orgulhoso, então, uma vez que o coração dela seja inclinado em sua direção, o VELHO você fará com que ela endureça seu coração novamente e tome uma decisão racional em detrimento da decisão de seu coração!

Garanta que você leia e releia este livro, vez após vez! Garanta que você viva na Palavra de Deus. Garanta que você gaste horas diárias com sua face no chão buscando a face de Deus. Você deve ser um novo homem para sua esposa querer seguir seu coração e voltar para casa! Lembre-se, a razão pela qual sua esposa o abandonou ou foi pega em adultério é que seu lar não foi construído sobre a rocha de Jesus Cristo.

Vamos ler alguns versículos de Provérbios e do Novo Testamento:

A casa do orgulhoso. "O Senhor desarraiga **a casa dos soberbos.** " (Provérbios 15:25).

Casa dividida contra si mesma. "Todo o reino dividido contra si mesmo é devastado; e toda a cidade, ou **casa, dividida contra si** mesma não subsistirá..." (Mateus 12:25).

E a casa não caiu. "Todo aquele, pois, que escuta estas Minhas palavras, e as pratica, assemelhá-lo-ei ao homem prudente, que edificou a sua casa sobre a rocha. E desceu a chuva, e correram rios, e assopraram ventos, e combateram aquela casa, **e não caiu**, porque estava edificada sobre a rocha" (Mateus 7:24-25).

Edificados juntos. "Edificados sobre o fundamento (...) de que Jesus Cristo é a principal pedra da esquina. No qual todo o edifício, bem ajustado, cresce para templo santo no Senhor. No qual também vós juntamente sois edificados para morada de Deus em Espírito" (Efésios 2:20-22).

Não o separe o homem. "Ele, porém, respondendo, disse-lhes: Não tendes lido que aquele que os fez no princípio (homem) e (mulher) os fez. E disse: Portanto, deixará o homem pai e mãe, e se unirá a sua mulher, e serão dois numa só carne? Assim não são mais dois, mas uma só carne. Portanto, o que Deus ajuntou **não o separe o homem**" (Mateus 19:4-6).

Deus prometeu curar, restaurar e criar um louvor em seus lábios! "Pela iniquidade da sua avareza Me indignei, e o feri; escondi-me e indignei-me; contudo, rebelde, seguiu o caminho do seu coração. Eu vejo os seus caminhos, e o sararei, e o guiarei, e lhe tornarei a dar consolação, a saber, aos seus pranteadores. Eu crio os frutos dos lábios: paz, paz, para o que está longe; e para o que está perto, diz o Senhor, e Eu o sararei" (Isaías 57:17-19).

Você deve buscar ao Senhor para quebrantá-lo e transformá-lo se você deseja ter o amor de sua esposa novamente.

NADA é impossível para Deus!
O Senhor Inclina o Coração Para Onde ELE Quer!

Compromisso pessoal: pedir a Deus para converter o coração de minha esposa e não temer a vontade do homem. "Baseado no que aprendi da Palavra de Deus, comprometo-me a confiar no Senhor para inclinar o coração de minha esposa. Dissiparei a mentira de que 'minha esposa tem livre arbítrio e que, portanto, Deus não interviria em meu favor e responderia minhas orações'. Ao invés disto, creio que a 'vontade de minha esposa' seguirá a inclinação de seu coração por Deus na direção de volta para casa."

Data: _____ Assinado:_____

Capítulo 11

Apegar-se à Sua Esposa

"Porque o Senhor, o Deus de Israel
diz que odeia o repúdio (divórcio)."
Malaquias 2:16

Por que tantos casamentos acabam em divórcio? Todos ouvimos as estatísticas... 50% dos **primeiros** casamentos acabam em divórcio e 80% dos **segundos** casamentos acabam em divórcio. Isto significa que apenas 20% dos segundos casamentos sobrevivem! A verdadeira vergonha é que há igualmente tantos casamentos acabando em divórcio NA igreja!! Os Cristãos agora aceitam o divórcio como uma opção! Por que a enxurrada de tantos casamentos falidos?

"E desceu a chuva, e correram rios, e assopraram ventos, e combateram aquela casa, e não caiu, **porque estava edificada sobre a rocha**" (Mateus 7:25). Sua casa foi edificada sobre a Rocha? "E desceu a chuva, e correram rios, e assopraram ventos, e combateram aquela casa, e caiu, e **foi grande a sua queda**" (Mateus 7:27).

A Rocha na qual temos que construir é a Palavra de Deus! Quantas de nós realmente conheciam os princípios que leram neste livro até agora a respeito do casamento? Oséias 4:6 diz que "...o povo (de Deus) foi destruído, porque lhe faltou o conhecimento." Isto certamente foi uma verdade para mim e estou certa de que é verdade para você também!

Então, quando nosso casamento fracassa, buscamos livrar-nos deste casamento apenas para repetir os mesmos erros no segundo casamento ou no subsequente. Deus odeia o divórcio, mas quando estamos no meio do problema é o que achamos que nos trará alívio. Até tentamos convencer a nós mesmos e aos outros que o divórcio é o que Deus quer para nós, uma vez que Ele não iria querer que sofrêssemos.

O Engano

Quando estimulamos um pensamento ou ideia errados, Deus nos diz: "Mas cada um é tentado, quando atraído e engodado pela **sua própria concupiscência**. Depois, havendo a concupiscência concebido, dá à luz o pecado; e o pecado, sendo consumado, gera a morte. Não erreis, meus amados irmãos" (Tiago 1:14-16). A definição de concupiscência é o "desejo" pelo que é proibido, como desejar o divórcio quando Deus diz que odeia o divórcio. Muitos dizem que não há nada de errado no divórcio, especialmente em certas circunstâncias.

Devemos obedecer a Deus ao invés de ao homem. Todo mundo tem sua opinião a respeito do casamento e do divórcio (o que 'pensam' que Deus diz a respeito do casamento em Sua Palavra). Porém, "mais importa **obedecer a Deus** do que aos homens" (Atos 5:29).

Ele é nossa única esperança de salvação. Não siga o que outra pessoa diz. Ao invés, siga a Deus, obedeça a Ele, porque *Ele* é nossa única esperança de salvação. Não complique Sua Palavra tentando descobrir 'o que você *acha* que Ele quis dizer'. **Ele quis dizer exatamente o que Ele disse!**

Eu não me envergonho do evangelho de Cristo. Por favor, permaneça firme nos ensinamentos de Deus, a despeito do que é popular ou de quantas pessoas em sua igreja se divorciaram e/ou cassaram novamente. "Porque não me envergonho do evangelho de Cristo, pois é o poder de Deus para salvação de todo aquele que crê" (Romanos 1:16).

Por favor, entenda que se casamentos devem ser salvos, devemos permanecer na verdade! Aqueles segundos casamentos que 'parecem' felizes são na realidade viver sobre fracasso, não um testemunho da fidelidade de Deus. Eles continuam a fazer muitos outros sofrerem ou viverem aquém do melhor de Deus, especialmente as crianças que sofrem mais! E fazem com que muitos, que estão enfrentando dificuldades em seus casamentos, caiam. É muito tentador arrumar uma segunda esposa quando muitos professam que acharam a felicidade em seu segundo casamento depois de terem se livrado do primeiro!

Instruindo com mansidão aos que resistem. Por favor, não discuta o assunto do divórcio. Cada pessoa é responsável somente por falar, ensinar e viver a verdade. Então o Espírito Santo trará o convencimento e Deus converterá o coração. "E rejeita as questões loucas, e sem instrução, sabendo que produzem contendas. E ao servo do Senhor não convém contender, mas sim, ser manso para com todos, apto para ensinar, sofredor. **Instruindo com mansidão** aos que resistem, a ver se porventura Deus lhes dará arrependimento para conhecerem a verdade, e tornarem a despertar, desprendendo-se dos laços do diabo, em que à vontade dele estão presos" (2 Timóteo 2:23-26).

A árvore é conhecida por seus frutos. Podemos ver os 'frutos' em muitas lideranças da igreja - aqueles que permitiram um amplo abuso de 'exceções' para o divórcio. Temos visto que isto começou com a brecha da 'infidelidade ou adultério' e chegou ao divórcio por praticamente qualquer motivo! Há um paralelo com o que aconteceu com a questão do aborto... estupro, incesto, e saúde da mãe atualmente significam menos de 1% de todos os abortos realizados! "Por seus **frutos** os conhecereis" (Mateus 7:16). "Ou fazei a árvore boa, e o seu fruto bom, ou fazei a árvore má, e o seu fruto mau; porque pelo fruto se conhece a árvore" (Mateus 12:33). Podemos ver claramente o mau fruto que tem sido produzido por comprometerem a Palavra de Deus - casamentos destruídos e votos quebrados.

As Questões

Por que devemos compreender e seguir a Lei de Deus a respeito do casamento?

Porque famílias têm sido destruídas, e sem a família, o fundamento no qual nossa terra se apóia será removido, e grande será nossa queda! Nós, como Cristãos, seremos culpados. Não podemos apontar o dedo para os outros, porque Deus nos promete como crentes que "...se o Meu povo, que **se chama pelo Meu nome**, se humilhar e orar, e buscar a Minha face e se converter dos seus maus caminhos, então Eu ouvirei dos céus e perdoarei seus pecados, e *sararei* a sua terra" (2 Crônicas 7:14).

Entretanto, os casamentos Cristãos estão perecendo na mesma medida de destruição que os do mundo. Por que? "O Meu povo foi destruído, porque lhe faltou o conhecimento" (Oséias 4:6). Os Cristãos têm sido enganados e estão seguindo os caminhos do mundo ao invés dos caminhos de Deus.

Como podemos saber se estamos sendo enganados a respeito do casamento e divórcio?

Voltando às fábulas. Muitos dos que sentam nos bancos da igreja não querem ouvir a verdade. "Porque virá tempo em que não suportarão a sã doutrina; mas, tendo comichão nos ouvidos, amontoarão para si doutores conforme as suas próprias concupiscências. E desviarão os ouvidos da verdade, voltando às fábulas" (2 Timóteo 4:3-4).

Atualmente buscamos soluções mundanas para casamentos problemáticos ou feridos ao invés de buscar a Deus e Sua Palavra. "Mas vós sois a geração eleita, o sacerdócio real, a nação santa, o povo *adquirido*" (1 Pedro 2:9). Não seremos um 'povo exclusivo e adquirido' se seguirmos o caminho tão batido que leva ao tribunal de divórcio!

Para que não façais o que quereis. Sua Palavra é sempre consistente. A Palavra de Deus é oposta às filosofias do mundo e, algumas vezes, é difícil de compreender e seguir. "Ora, o homem natural não compreende as coisas do Espírito de Deus, porque lhe parecem loucura; e não pode entendê-las, porque elas se discernem espiritualmente" (1 Coríntios 2:14). "Porque a carne cobiça contra o Espírito, e o Espírito contra a carne; e estes opõem-se um ao outro, para que não façais o que quereis" (Gálatas 5:17).

Mau fruto. Novamente, podemos ver facilmente os 'maus frutos' de todos os casamentos Cristãos que foram destruídos porque acreditaram nas mentiras. "Por seus frutos os conhecereis. Porventura colhem-se uvas dos espinheiros, ou figos dos abrolhos? Assim, toda a árvore boa produz bons frutos, e toda a árvore má produz **frutos maus**" (Mateus 7:16-17).

Fatos Bíblicos para Permanecer Firme

Vamos pesquisar mais versículos bíblicos para ver como Deus vê o casamento:

O casamento é para a vida toda. Nós dizemos os votos '*até que a morte nos separe*'. "Assim não são mais dois, mas uma só carne. Portanto, o que Deus ajuntou não o separe o homem" (Mateus 19:6). "E SERÃO OS DOIS UMA SÓ CARNE; e assim já não serão dois, mas uma só carne" (Marcos 10:8).

Deus diz que odeia o divórcio! Ainda assim, alguns homens estão realmente convencidos de que Deus as orientou a pedir o divórcio! Alguns disseram que Deus 'os livrou'. **Ele diz**..."Porque o Senhor, o Deus de Israel diz que odeia o repúdio (divórcio)" (Malaquias 2:16). Ele nunca muda... "Jesus Cristo é o mesmo, ontem, e hoje, e eternamente" (Hebreus 13:8).

Você não é uma exceção: "Reconheço por verdade que Deus não faz acepção de pessoas" (Atos 10:34).

Casar novamente não é uma 'opção' - a Bíblia diz que é "adultério"! "**Eu, porém, vos digo** (Jesus mesmo disse) que qualquer que repudiar sua mulher, a não ser por causa de prostituição (imoralidade sexual), faz que ela cometa adultério, e qualquer que casar com a repudiada **comete adultério**" (Mateus 5:32). "Eu vos digo, porém, que qualquer que **repudiar (divorciar-se de) sua** *mulher (esposa)*, não sendo por causa de fornicação, e casar com outra, **comete adultério**..." (Mateus 19:9).

Comete adultério. "E Ele (Jesus de novo) lhes disse: Qualquer que **deixar (divorciar-se de) a sua** *mulher (esposa)* e casar com outra, adultera contra ela..." (Marcos 10:11). "Qualquer que **deixa sua** *mulher*, e casa com outra, **adultera**; e aquele que casa com a repudiada pelo marido, **adultera** também" (Lucas 16:18).

Falta de entendimento. "Assim, o que adultera com uma mulher é **falto de entendimento**; aquele que faz isso destrói a sua alma" (Provérbios 6:32). "Também o homem que adulterar com a mulher de outro, havendo adulterado com a mulher do seu próximo, certamente morrerá o adúltero e a adúltera" (Levítico 20:10).

E a Cláusula de 'Exceção'?

Novamente, muito poucos divórcios na igreja são por causa de adultério, mesmo que esta fosse a 'exceção' correta. Quando foi dito a Erin que ela tinha razões para se divorciar porque eu estava em adultério, ela buscou saber a verdade. O que ela descobriu é que em muitas traduções da Bíblia as palavras "adultério" e "fornicação" ou "imoralidade sexual" são usadas de forma **permutável** como se fossem as mesmas palavras – mas não são! A palavra "adultério" (segundo a '*Strong's Concordance*' no Grego ou língua original corresponde a 3429 *Moichao*) significa *depois* do casamento. A palavra "fornicação" (4202) significa *antes* do casamento. Estes são dois pecados diferentes e não devem ser confundidos.

Então, quando a Bíblia diz em Mateus 19:9: "Eu vos digo, porém, que qualquer que repudiar sua mulher, **não sendo por causa** de *fornicação*, e casar com outra, comete adultério;" essa exceção significa que um homem pode se divorciar de sua mulher se, *antes* do casamento, ela foi imoral ou cometeu fornicação – como foi o caso de José quando a Bíblia diz que ele pensou em se divorciar de Maria secretamente (Mateus 1:19). *Não* está dizendo que se você descobrir que sua esposa cometeu adultério, o que corresponde a ter intimidade *depois* de casada, você pode se divorciar dela.

Com esta informação, poderíamos reescrever este versículo em Mateus com a tradução correta para dizer: '*Eu (Jesus), porém, vos digo que qualquer que se divorciar de sua mulher, faz que ela cometa adultério, e qualquer que casar com a mulher divorciada comete adultério.*' Somente quando uma **mulher** é achada *no ou antes* do dia do casamento como não sendo virgem, somente então o homem poderia divorciar-se de sua esposa. E novamente, Moisés somente permitiu que o homem se divorciasse: "Moisés, por causa da dureza dos vossos corações, vos permitiu repudiar vossas mulheres; mas ao princípio não foi assim" (Mateus 19:8). Em outras palavras, NÃO, você não pode divorciar-se de sua esposa porque a cláusula de *exceção* não se aplica para o depois de já se estar casado.

Tome cuidado quando diz que 'Deus lhe disse'! "Eis que eu sou contra os profetas, diz o Senhor, que usam de sua própria linguagem, e dizem: 'Ele disse'. Eis que eu sou contra os que profetizam sonhos mentirosos, diz o SENHOR, e os contam, e fazem errar o meu povo com as suas mentiras e com as suas leviandades; pois eu não os enviei, nem lhes dei ordem..." (Jeremias 23:31-32). "Porque o Senhor, o Deus de Israel diz que **odeia** o repúdio (divórcio)" (Malaquias 2:16). Deus nunca diz para irmos contra a Sua Palavra! Ele nunca muda! Nunca!!! Você também deve ser muito cuidadoso com o que diz a respeito do divórcio ou recasamento, uma vez que isto pode levar outra pessoa a cair e divorciar-se ou casar novamente: "Ai do mundo, por causa dos escândalos; porque é mister que venham escândalos, mas ai daquele homem por quem o escândalo vem! (...) melhor lhe fora que se lhe pendurasse ao pescoço uma mó de azenha, e se submergisse na profundeza do mar" (Mateus 18:7,6).

Muitos têm sido enganados. Se você acredita que Deus deseja o divórcio, você tem sido enganado. "E não é maravilha, porque o próprio Satanás se transfigura em anjo de luz" (2 Coríntios 11:14).

A carne ceifa corrupção. "Porque o que semeia na sua carne, da carne ceifará a corrupção; mas o que semeia no Espírito, do Espírito ceifará a vida eterna." Gálatas 6:8. Preste atenção para ver qual é a sua 'motivação' antes de dar um passo na fé. Os desejos da carne parecem bons para a carne; se você tem uma urgência por trás disto, não precisará de nenhuma graça para ir adiante. "Porque a carne cobiça contra o Espírito, e o Espírito contra a carne; e estes opõem-se um ao outro, para que não façais o que quereis" (Gálatas 5:17).

Deus, somente Deus! Que conhecimento ganhamos ao vermos tantos casamentos problemáticos e destruídos? Deus e somente Deus pode manter um casamento unido! Através de sua obediência à

Palavra de Deus!!! Mas você tem que conhecer Sua Palavra antes de poder obedecê-la. "O meu povo foi destruído, porque lhe faltou o conhecimento" (Oséias 4:6). É por esta razão que você DEVE ler isto vez após vez! É por isto que deve meditar em Sua Palavra. É por isto que deve alimentar-se de Sua Palavra, não apenas todo o dia, mas o dia todo!

Vamos fazer um compromisso pessoal para
PERMANECERMOS CASADOS
e encorajarmos a todos que encontrarmos a fazer o mesmo.

Compromisso Pessoal: de permanecer casado e encorajar outros a fazerem o mesmo. "Baseado no que aprendi da Palavra de Deus, comprometo-me novamente ao meu casamento. Irei humilhar-me quando for necessário e dar todos os passos como uma 'pacificador' em meu casamento. Não encobrirei minhas transgressões ou induzirei outros a cair. Devotarei meus lábios para espalhar a Verdade de Deus a respeito do casamento."

Data: _____ Assinado: _____

Capítulo 12

Pedindo a Deus

"E, se algum de vós tem falta de sabedoria,
peça-a a Deus,
que a todos dá liberalmente,
e o não lança em rosto,
e ser-lhe-á dada"
Tiago 1:5

E se minha esposa for infiel e cometer adultério, então posso divorciar-me dela?

Não! Como acabamos de aprender no capítulo 11, "Apegar-se à Sua Esposa", a Palavra de Deus diz que um *marido* pode divorciar-se somente pelo motivo de **fornicação** (que é ter relações sexuais antes do casamento) se a mulher tiver sido deflorada, não importa o que a sua tradução da Bíblia pareça estar dizendo. **A única exceção refere-se ao período de noivado.** Fornicação e adultério não são o mesmo pecado. Se fossem iguais não teriam sido citados duas vezes no mesmo versículo: "Não sabeis que os injustos não hão de herdar o reino de Deus? Não erreis: nem os devassos (**fornicadores**), nem os idólatras, nem os **adúlteros**..." (1 Coríntios 6:9-10).

Divorciar-se dela secretamente. O divórcio por causa da fornicação era permitido durante o período do noivado, como no caso de Maria e José. Os termos noiva e noivado não eram utilizados durante este período da história. O termo "marido" foi utilizado porque José já estava comprometido em ser o marido de Maria. "Então José, seu marido, (...) intentou **deixá-la secretamente**"

(Mateus 1:19). Isto foi antes de seu casamento, porque o divórcio só era permitido no caso de fornicação.

Noivado. O versículo anterior explica que o 'divórcio' ou 'anulamento do casamento' iria acontecer antes do casamento! "Estando Maria, sua mãe, desposada (**prometida em casamento**) com José, antes de se ajuntarem, achou-se ter concebido do Espírito Santo" (Mateus 1:18). No máximo, o casamento poderia ser anulado imediatamente após a noite de núpcias, se a mulher não fosse virgem.

Alguém Pode Casar-se Novamente, Então?

"A mulher casada está ligada pela lei todo o tempo que o seu marido vive; mas, se falecer o seu marido **fica livre para casar** com quem quiser, contanto que seja no Senhor" (1 Coríntios 7:39). Para as viúvas, é importante saber que, quando o verdadeiro "Homem Certo" aparecer, ele também tem que ser viúvo ou nunca ter sido casado. Lembre-se, Satanás normalmente traz o seu 'melhor' primeiro, mas o Senhor faz você esperar, e então traz o Seu melhor! "Espera no Senhor e guarda o Seu caminho" (Salmos 37:34).

E Se Eu Já Estiver Em um Segundo (ou Terceiro) Casamento?

Primeiramente, você deve pedir perdão a Deus, quer tenha sido casado antes de ser salvo ou não. Você não pode ser efetivo em sua caminhada Cristã se não consegue admitir seus pecados passados. "O que encobre as suas transgressões nunca prosperará, mas o que as confessa e deixa, alcançará misericórdia" (Provérbios 28:13). "Se dissermos que não temos pecado, enganamo-nos a nós mesmos, e não há verdade em nós. Se confessarmos os nossos pecados, Ele é **fiel** e **justo** para **nos perdoar os pecados**, e nos purificar de **toda** a injustiça" (1 João 1:8-9).

Tempo para arrepender-se. "Confessai as vossas culpas uns aos outros, e orai uns pelos outros, para que sareis. A oração feita por um justo pode muito em seus efeitos" (Tiago 5:16).

Devo Buscar a Restauração Deste Casamento ou Voltar Para Minha Primeira Esposa?

Sua vontade. Depois de confessar seu pecado de ter corrido adiante de Deus e casado novamente ou casado com alguém que já era casada, você deve colocar a sua **vontade** de lado e pedir ao Seu Pai Celestial pela **vontade** *Dele* a respeito de seu casamento atual. O Senhor quer que você continue buscando a restauração deste casamento que está se desfazendo? Muitos homens enfrentaram esta tarefa difícil, mas Deus é SEMPRE fiel e Ele o guiará se você buscá-lo. Ore pela direção de Deus. "O ladrão não vem senão a roubar, a matar, e a destruir; eu vim para que tenham vida, e a tenham com abundância" (João 10:10).

Não estamos mais embaixo da lei, mas vivemos pela graça quando aceitamos o dom da salvação. Deus pode querer restaurar o seu primeiro ou seu segundo casamento ou talvez Ele queira que você permaneça solteiro. Deus tem uma vida abundante para você, mas você só poderá encontrá-la se buscar Sua vontade. Se você continuar buscando a sua própria vontade, desejando o seu primeiro casamento ou o casamento atual ou um novo, você continuará vivendo em miséria e derrota. Busque a Ele e à Sua vontade para você. "Porque Eu bem sei os pensamentos que tenho a vosso respeito, diz o SENHOR; pensamentos de paz, e não de mal, para vos dar o fim que esperais" (Jeremias 29:11).

Qual é a verdade sobre "Casamentos de Aliança". O fato é que Deus reconhece SIM o segundo casamento. O termo 'casamento de aliança' foi cunhado do texto bíblico em Malaquias 2:14: "E dizeis: Por quê? Porque o Senhor foi testemunha entre ti e a mulher da tua mocidade, com a qual tu foste desleal, sendo ela a tua companheira, e a mulher da tua aliança". Isto não afirma que este é o primeiro casamento ou que aquele primeiro casamento é o único que Deus reconhece. Não podemos ler em um versículo o que QUEREMOS que ele diga. "Porque virá tempo em que não suportarão a sã doutrina; mas, tendo comichão nos ouvidos, amontoarão para si doutores conforme as suas próprias concupiscências. E desviarão os ouvidos da verdade, voltando às fábulas" (2 Timóteo 4:3-4). Somente a verdade nos libertará.

Ignorando ou minimizando o poder do sangue de Cristo. Quando você acredita que Deus NÃO perdoará um segundo ou subsequente casamento, mas o vê somente como um adultério constante, você está dizendo que o sangue de Jesus não é capaz de cobrir o pecado do adultério causado por terem se divorciado e casado novamente.

Mas este versículo nos diz diferentemente: "Não sabeis que os injustos não hão de herdar o reino de Deus? Não erreis: nem os devassos, nem os idólatras, nem os adúlteros, (...) herdarão o reino de Deus. E é o que **alguns TÊM SIDO**; mas haveis sido lavados, mas haveis sido santificados, mas haveis sido justificados em nome do Senhor Jesus, e pelo Espírito do nosso Deus" (1 Coríntios 6:9-10). Aleluia! Deus pode perdoar e perdoa o adultério, todo e qualquer adultério! "E disse-lhe Jesus: Nem eu também te condeno; vai-te, e não peques mais" (João 8:11).

Confie Nele. Se você quer a vida abundante que Deus tem para você como um de Seus filhos, você deve confiar Nele com sua vida. Deus quer lhe dar uma vida abundante, não uma falsificação. Se você escolher tentar fazer isto você mesmo, será em vão. O Salmo 127:1 diz: "Se o Senhor não edificar a casa, em vão trabalham os que a edificam...".

O Adultério Pode Ser Perdoado?

Sim. Jesus disse à mulher pega em adultério: "...Ninguém te condenou? (...) Nem eu também te condeno; vai-te, e não peques mais" (João 8:10-11). Na realidade, não somente o **adultério** NÃO é motivo para divórcio, como é **motivo para perdão**, como Cristo demonstrou na passagem bíblica acima.

Também temos um exemplo em Oséias de um esposo perdoando o adultério: "E o Senhor me disse: Vai outra vez, ama uma mulher, amada de seu amigo (marido), contudo adúltera" (Oséias 3:1). E também em 1 Coríntios 6:9-11, quando Deus refere-se aos adúlteros e fornicadores, Ele diz: "E é o que alguns **têm sido**; mas haveis sido lavados, mas haveis sido santificados, mas haveis sido justificados em nome do Senhor Jesus, e pelo Espírito do nosso Deus. " Nós fomos lavados em Seu sangue de perdão.

Ainda assim, muitos pastores dizem que o adultério é motivo para o divórcio. "Ouvistes que foi dito aos antigos: Não cometerás adultério. Eu, porém, vos digo, que qualquer que atentar numa mulher para a cobiçar, já em seu coração cometeu adultério com ela" (Mateus 5:27-28). Se é verdade que o adultério é motivo para o divórcio, então a maioria das mulheres casadas podem divorciar-se de seus maridos, uma vez que a maior parte dos maridos já cobiçaram ao verem figuras de mulheres na televisão ou em revistas!

Se você cometeu adultério, você deve confessar seu pecado para sua esposa se ela não sabe de sua infidelidade. "O que encobre as suas transgressões nunca prosperará, mas o que as confessa e deixa, alcançará misericórdia" (Provérbios 28:13).

O 'Recasamento' Não é Permitido se Estiver Dentro das Circunstâncias Certas?

Novamente, nós acreditamos que muitas igrejas e pastores dizem que o divórcio é correto em *algumas* circunstâncias, mas este versículo diz claramente: "Qualquer, pois, que violar um destes mandamentos, por menor que seja, e assim ensinar aos homens, será chamado o menor no reino dos céus; aquele, porém, que os cumprir e ensinar será chamado grande no reino dos céus" (Mateus 5:19). Portanto, nós como professores da Palavra não anularemos, em outras palavras, diremos que os versículos sobre o divórcio não são válidos.

Como posso ter certeza de que o que este livro diz é certo e que o que muitas igrejas estão dizendo é errado? "Acautelai-vos, porém, dos falsos profetas, que vêm até vós vestidos como ovelhas, mas, interiormente, são lobos devoradores. Por seus frutos os conhecereis. (...) Nem todo o que me diz: 'Senhor, Senhor! ' entrará no reino dos céus, mas aquele que faz a vontade de Meu Pai, que está nos céus. Muitos Me dirão naquele dia: 'Senhor, Senhor, não profetizamos nós em teu nome? E em teu nome não expulsamos demônios? E em teu nome não fizemos muitas maravilhas? ' E então lhes direi abertamente: 'Nunca vos conheci; apartai-vos de mim, vós que praticais a iniquidade'" (Mateus 7:15-23). Não estão sendo destruídos muitos dos casamentos de sua igreja e famílias sendo dissolvidas? Estes, nós cremos, são os maus frutos da permissão do divórcio dentro da igreja.

Eu descobri, conversando com pastores, que muitos têm, 'lá no fundo' uma convicção a respeito do casamento, mas não querem 'ofender' ninguém, especialmente todos aqueles 'membros da igreja' que estão em seu segundo ou terceiro casamento. Infelizmente, um pastor que finalmente tomou uma posição enfrentou uma divisão dentro da igreja por parte daqueles que estavam no segundo ou subsequente casamento. Eles não gostaram de ver seu pastor assumir essa posição firme em relação ao divórcio e recasamento. Entretanto, quando desafiados a tomar uma decisão, devemos nos lembrar, que "a amizade do mundo é inimizade contra Deus? Portanto, qualquer que quiser ser amigo do mundo constitui-se inimigo de Deus" (Tiago 4:4).

Comichão nos ouvidos. Se um pastor ou uma igreja tomam posição contra o divórcio ou recasamento, são rotulados como legalistas ou críticos. E aqueles que querem 'fazer conforme seu próprio desejo' irão para outra igreja ouvir o que querem ouvir. "Porque virá tempo em que não suportarão a sã doutrina; mas, tendo **comichão nos ouvidos**, amontoarão para si doutores conforme as suas próprias concupiscências; e desviarão os ouvidos da verdade, voltando às fábulas" (2 Timóteo 4:3-4).

Uma vez que já estou divorciado ou 'solteiro' de novo, eu não poderia casar novamente ou namorar e então pedir a Deus para me perdoar?

Em primeiro lugar, **você não é solteiro.** Somente alguém que **nunca** foi casado (ou é viúvo) é solteiro. Em segundo lugar, você colherá o que plantar. "Não erreis: Deus não se deixa escarnecer; porque tudo o que o homem semear, isso também ceifará" (Gálatas 6:7). Você estará voluntariamente pecando. "Aquele, pois, que sabe fazer o bem e não o faz, comete pecado" (Tiago 4:17).

Uma coisa horrenda. Você atraíra para si a vingança de Deus. "Porque, se pecarmos voluntariamente, depois de termos recebido o conhecimento da verdade, já não resta mais sacrifício pelos pecados. (...) De quanto **maior castigo** cuidais vós será julgado merecedor aquele que pisar o Filho de Deus. Minha é a vingança, Eu darei a recompensa, diz o Senhor. E outra vez: O Senhor julgará o seu povo. **Horrenda coisa** *é cair nas mãos do Deus vivo*" (Hebreus 10:26-31). De Deus não se zomba. Você não se beneficiará ao ignorar a Palavra de Deus nem ao negociar obediência por um 'casamento melhor' (ou relacionamento) com alguém novo.

Se Você Me Ama

Para concluir: "Se alguém ensina alguma outra doutrina, e se não conforma com as sãs palavras de nosso Senhor Jesus Cristo, e com a doutrina que é segundo a piedade, é soberbo, e nada sabe, mas delira acerca de questões e contendas de palavras, das quais nascem invejas, porfias, blasfêmias, ruins suspeitas, contendas de homens corruptos de entendimento, e privados da verdade" (1 Timóteo 6:3-5). "Se Me amais, guardai os Meus mandamentos" (João 14:15). Se você diz que acredita em Deus, então **obedeça a Ele**. "E por que me chamais, 'Senhor, Senhor', e não fazeis o que eu digo? " (Lucas 6:46). Se você decidiu pedir a Jesus por sua salvação, mas não está seguindo Seus ensinamentos, então Ele não é seu Senhor e Mestre. Se Ele é seu Senhor, então, assegure-se de que você aja como se assim fosse. Obedeça-o!

**Façamos um compromisso pessoal de
BUSCARMOS AO SENHOR
e encorajar todos a fazer o mesmo!**

Compromisso pessoal: de buscar ao Senhor para saber se devo procurar a restauração do meu casamento atual. "Baseado no que aprendi da Palavra de Deus, comprometo-me a perguntar a Deus se devo ou não restaurar este casamento. Colocarei de lado minha própria vontade, desejando somente a Sua vontade, já que Ele é o meu Senhor. Não julgarei ninguém que esteja num segundo ou subsequente casamento, mas saberei que o sangue de Jesus é capaz de cobrir o pecado do adultério."

Data: _____ Assinado:_____

———— Capítulo 13 ————

Ele Me Guia

"E se chamará o Seu nome:
Maravilhoso Conselheiro,
Deus Forte,
Pai da Eternidade,
Príncipe da Paz.
Isaías 9:6

Minha esposa está dando entrada no divórcio;
o que devo fazer?
Como encontro alguém para me defender?
Como posso proteger-me e, especialmente,
proteger meus filhos?

As pessoas que sabem da sua situação vão aconselhá-lo a contratar um bom advogado Cristão para proteger você, seus bens e seus filhos. Pode ser um amigo Cristão, um conselheiro ou mesmo um pastor. Quando eu estava me divorciando de Erin ela disse que foi quando encontrou o "Poderoso Conselheiro!". Foi isso que ela encontrou na Bíblia quando buscou a Deus para saber o que Ele tinha a dizer sobre o assunto. Esses são princípios que ela compartilhou com um número incontável de pessoas que descobriram que seguir esses mesmos princípios mudou a sua situação e trouxe paz onde antes havia guerra.

Isto não chegará a você. "E, ao que quiser pleitear contigo, e tirar-te a túnica, larga-lhe também a capa." (Mateus 5:40). Você pode estar preocupado achando que sua esposa vai "limpá-lo" se você não contratar um advogado. Mas se você agir como se ela fosse uma inimiga e lutar contra ela, ela vai lutar também. Ela já não fez isso no passado?

Muitos contarão 'histórias terríveis' sobre alguém que eles conhecem que se divorciou e perdeu tudo para te assustar e fazer com que você contrate um bom advogado. "Mil cairão ao teu lado, e dez mil à tua direita, **mas não chegará a ti**" (Salmos 91:7). Ao invés disto, "Não te deixes vencer do mal, mas vence o mal com o bem" (Romanos 12:21). Baseado no que aconteceu com Erin e com outros que seguiram o mesmo caminho em direção à paz, nós aconselhamos qualquer um que queira restaurar seu casamento a **dispensar** o seu advogado e confiar SOMENTE em Deus para libertá-los e protegê-los.

Você ousa ir a juízo perante os injustos ao invés de perante os santos? "Ousa algum de vós, tendo algum negócio contra outro, ir a juízo perante os injustos, e não perante os santos? " (1 Coríntios 6:1). Este é um versículo muito duro. Ousaríamos fazer isto? Se você simplesmente aparecer no tribunal, você estará comparecendo "perante o injusto".

Em muitos estados dos EUA, você não viola a lei se não aparecer na audiência se recebeu os documentos do divórcio. Você simplesmente perde à revelia. Alguns estados fazem você assinar um documento de desistência, afirmando que você não comparecerá, e em alguns outros você nem precisa assinar os documentos nem comparecer. Verifique isto em seu país ou estado e não tome a palavra de somente uma pessoa como base, se disserem que você 'tem que' fazer alguma coisa. (Nosso livro *Enfrentando o Divórcio* vai te ajudar com muitas das suas perguntas.)

É preferível sofrer a injustiça ou o dano. Esse foi um dos primeiros versículos que o Senhor mostrou a Erin quando ela percebeu que iria perder tudo que desejava se lutasse comigo no tribunal. "Na verdade é já realmente uma falta entre vós, terdes demandas uns contra os outros. Por que não sofreis antes a **injustiça**? Por que não sofreis antes o **dano**? Mas vós mesmos fazeis a injustiça e fazeis o dano, e isto aos irmãos" (1 Coríntios 6:7-8).

Se você não se permitir sofrer o dano, sua esposa vai acabar ficando com raiva e amarga. Se você não se permitir ser levado de volta ao Mar Vermelho, nunca verá o poder de livramento do Senhor! Lembre-se que "os cuidados deste mundo e a sedução das riquezas sufocam a Palavra!" (Mateus 13:22).

Sabemos que Demas deixou Paulo porque os cuidados do mundo sufocaram nele a Palavra de Deus (2 Timóteo 4:10). O versículo seguinte nos diz como isto acontece: "...E o que foi semeado entre espinhos é o que ouve a Palavra, mas os **cuidados** deste mundo e a sedução das **riquezas** sufocam a Palavra, e fica infrutífera" (Mateus 13:22). A Bíblia fala especificamente que foi por causa das "preocupações" e das "riquezas". Não se preocupe nem fique preso ao dinheiro ou aos bens. No fim de tudo, as suas posses são realmente mais importantes do que a sua esposa e o seu casamento?

Nós julgaremos os anjos. "Não sabeis vós que os santos hão de julgar o mundo? Ora, se o mundo deve ser julgado por vós, sois porventura indignos de julgar as coisas mínimas? Não sabeis vós que **havemos de julgar os anjos**? Quanto mais as coisas pertencentes a esta vida?" (1 Coríntios 6:2-3). Deus está nos mostrando quão triviais e insignificantes são os assuntos do mundo em comparação com nossa vida com Ele.

Assuntos desta vida. "Então, se tiverdes negócios em juízo, **pertencentes a esta vida**, pondes para julgá-los os que são de menos estima na igreja?" (1 Coríntios 6:4). Os tribunais de hoje não seguem os ensinamentos Bíblicos como faziam quando esse país foi fundado. Como resultados, nós vemos sentenças e encargos que, nem Deus e nem os nossos fundadores, tinham em mente sendo colocados sobre os crentes. Se você escolher os tribunais para ajudá-lo, você escolherá o julgamento *deles* acima da proteção e provisão de Deus.

Diante de incrédulos. "Para vos envergonhar o digo. Não há, pois, entre vós sábios, nem mesmo um, que possa julgar entre seus irmãos? Mas o irmão vai a juízo com o irmão e isto **perante infiéis**" (1 Coríntios 6:5-6).

Uma derrota para você. Não contrate um advogado. Se você tem um dispense a ele ou a ela. "Na verdade, é já realmente **uma falta entre vós**, terdes demandas uns contra os outros. Por que não sofreis antes a injustiça? Por que não sofreis antes o dano?" (1 Coríntios 6:7). Se você for ao tribunal com sua esposa, isto já é uma derrota para você. Pode ser que você consiga alcançar os termos e condições que estão escritos nos papéis do divórcio, mas você vai perder sua esposa!

Ninguém verá o Senhor. "Segui a paz com todos, e a santificação, sem a qual ninguém verá o Senhor" (Hebreus 12:14). Se você deseja agir como Cristo agiu (Jesus era totalmente inocente), lembre-se que "Ele foi oprimido e afligido, mas não abriu a sua boca" (Isaías 53:7). Deus pode começar a trabalhar na vida de sua esposa porque você está plantando sementes de vida e não está mais dando a Satanás combustível para a destruição (1 Pedro 3:1).

Queremos que nossas esposas vejam em nós a forma de agir de Jesus. Nós sufocamos o trabalho do Espírito Santo quando fazemos as coisas que 'queremos' ou invés do que 'devemos'. Faça isto à **maneira de Deus**!

Seja tirada. "Toda a amargura, e ira, e cólera, e gritaria, e blasfêmia e toda a malícia **sejam tiradas** dentre vós" (Efésios 4:31). Se temos um advogado (a), difamação e ira TOMARÃO lugar. É a respeito disto que se trata o divórcio. Você deve afastar isto de você. Não importa se você tem um advogado "Cristão" ou não – **"vão é (todo) o socorro da parte do homem"**!

Você tem a Sua promessa: "Sendo os caminhos do homem (*seus* caminhos) agradáveis ao Senhor, até a seus inimigos faz que tenham paz com ele" (Provérbios 16:7).

Refugie-se no Senhor. "É melhor **confiar no Senhor** do que confiar no homem" (Salmos 118:8). Um advogado não é substituto para o Senhor. Se você pensa que pode ter a proteção de Deus e do advogado, o seguinte versículo explica que eles são opostos um ao outro. "Assim diz o Senhor: Maldito o homem que confia no homem, e faz da carne o seu braço (...) Bendito o homem que **confia no Senhor** e cuja confiança é o Senhor" (Jeremias 17:5-7). Você pode ser abençoado ou amaldiçoado. Você decide. Erin decidiu que ela podia realmente só confiar em Deus e Ele a livrou devido à sua fé somente nEle.

Pare de ficar agitado. "Aquietai-vos e sabei que Eu sou Deus" (Salmos 46:10). Coloque isto nas mãos do Senhor. Para de se inquietar a respeito, pare de discutir isto com todo mundo. Fique quieto! Se sua esposa já iniciou os procedimentos de divórcio, e você já se humilhou e se converteu de seus caminhos errados, então siga estes passos:

Chamou-nos à paz. Diga à sua esposa que você não quer o divórcio, mas que você não ficará no seu caminho (Salmo 1:1) e que também NÃO contestará o divórcio. Diga-lhe que não 'a culpa' por querer divorciar-se de você. Diga-lhe que você continuará a amá-la (se a 'muro de ódio' foi derrubado), não importa o que ela decida fazer. "Mas, se o descrente se apartar, aparte-se; (...), mas Deus **chamou-nos para a paz**" (1 Coríntios 7:15).

Doçura no falar. Novamente, garanta que você diga a sua esposa que não contestará ou lutará contra ela no divórcio e que não contratará um advogado para você. (Se você tem um advogado, diga a sua esposa que vai dispensá-lo). Diga a sua esposa que confia nela e que sabe, pelo seu passado, que ela será justa e que fará o que acreditar que é o melhor para você e para seus filhos. O único jeito de vencer essa guerra que se levantou contra o seu casamento é com gentileza! **"A doçura dos lábios** aumentará o ensino (persuasão)"** (Provérbios 16:21).

Eu odeio o divórcio. Diga à sua esposa que você cometeu tantos erros no passado que não quer cometer mais nenhum (humildade em ação). Que espera que ele permita que você NÃO assine os papéis de divórcio porque você cometeu muitos erros. Busque ao Senhor para saber como Ele quer livrar você e as palavras que Ele quer que você diga à sua esposa.

Lembre-se que o Senhor diz que **"Ele odeia o divórcio"**. É claro, se ela insistir que você assine os documentos, concorde em assinar e ore diligentemente para que o Senhor faça com que ela pare de forçá-lo a assinar. Se você não for mais o mesmo homem contestador que era, e sua esposa vir um marido humilde e manso, então ela não continuará a pressionar. Não ofereça sugestões para tentar agradar sua esposa; isto é desagradável ao Senhor. Busque ao Senhor!

Nada é impossível. De qualquer forma, se você tiver participado dos procedimentos do divórcio, nem tudo está perdido. Peça perdão a Deus e à sua esposa também. Demonstre seu desejo de que sua família fique unida ao desistir de toda e qualquer ação ou proteção legal. Deus começará a curar agora: "Aos homens é isso impossível, mas **a Deus tudo é possível**". (Mateus 19:26).

Se você continua com um advogado, dispense-o imediatamente se quiser o Melhor para defendê-lo. E então ore: "Senhor, nada para Ti é ajudar, quer o poderoso quer o de nenhuma força; ajuda-nos, pois,

Senhor nosso Deus, porque em Ti confiamos e no Teu nome viemos contra esta multidão. Senhor, Tu és nosso Deus, não prevaleça contra Ti o homem" (2 Crônicas 14:11).

Mais difícil para conquistar. Se você já passou pelo divórcio, provavelmente, amargura, ressentimento e ira é o que sua esposa sente em relação a você agora. Ore para que Deus perdoe suas transgressões e apague as más memórias que ela tenha (Salmos 9:5) e as substitua por bons pensamentos. Ore muito e seja mais dócil (novamente, a doçura no falar aumenta a persuasão) a cada oportunidade que possa ter com sua esposa para conquistá-la de volta. Lembre-se: "O irmão ofendido é **mais difícil de conquistar** do que uma cidade forte; e as contendas são como os ferrolhos de um palácio" (Provérbios 18:19).

Então eu teria suportado. Deus entende o que você está passando. Leia o Salmo 55, Ele está falando diretamente a você. Comece no versículo 6, "Ó! Quem me dera asas como de pomba! Então voaria, e estaria em descanso. Eis que fugiria para longe e pernoitaria no deserto. Apressar-me-ia a escapar da fúria do vento e da tempestade" Versículos 12 a 14. "Pois não era um inimigo que me afrontava; então eu o teria suportado; nem era o que me odiava que se engrandecia contra mim, porque dele me teria escondido. Mas eras tu, homem meu igual, meu guia e meu íntimo amigo. Consultávamos juntos suavemente e andávamos em companhia na casa de Deus..." (Salmos 55:12-14).

Roubar, matar e destruir. Se você 'foi embora', volte para casa. Satanás está em glória, porque conseguiu dividir e conquistar novamente! Tome de volta o chão que roubou de você, ele é um ladrão! "O ladrão não vem senão a **roubar**, a **matar**, e a **destruir**; Eu vim para que tenham vida e a tenham com abundância" (João 10:10). Dê a Deus a vitória e o testemunho de transformar isto para **Sua** glória! Ao invés de jogar fora "sua cruz" (seu casamento problemático), tome-a novamente e siga a Jesus!

Tome a cada dia a sua cruz. "E dizia a todos: Se alguém quer vir após Mim, negue-se a si mesmo, e tome cada dia a sua cruz, e siga-me" (Lucas 9:23). Certifique-se de que sua cruz não esteja mais pesada do que Ele designou para você, tire toda a falta de perdão e amargura. Sua cruz é pesada para carregar e, eventualmente, você não será capaz de continuar carregando. Você talvez nem seja capaz de levantá-la agora para começar a seguir a Jesus.

Livre-se de qualquer "obra da carne". A carne irá desgastar e derrubar você. Deixe ir e deixe Deus restaurar. Use este tempo para se aproximar do Senhor! Se sua cruz está muito pesada para carregar, então, há cargas que **você** colocou nela. Ele não mente e prometeu que não nos daria mais do que poderíamos suportar!

Nada para Ti é ajudar. Agora vamos orar juntos como Asa orou em 2 Crônicas 14:11: "Senhor, nada para Ti é ajudar, quer o poderoso quer o de nenhuma força; ajuda-nos, pois, Senhor nosso Deus, porque em Ti confiamos e no Teu nome viemos contra esta multidão. Senhor, Tu és nosso Deus, não prevaleça contra Ti o homem. "

Não siga os caminhos do mundo; confie em Deus. Prometo a você que Ele nunca irá desampará-lo. Somente enquanto você se comprometer ou olhar para a carne em busca de força e proteção, as coisas irão mal. Ainda assim, pode ser que você tenha que passar pelo fogo da provação (*com* Ele) para alcançar a vitória que Ele tem à sua espera. Você tomará a sua cruz e seguirá a Ele?

Quanta fé você tem? O suficiente para dar o passo para permitir que o Senhor lute por você sem um advogado? Por favor, ore por fortalecimento para colocar toda s sua confiança em Jesus – Ele não te abandonará.

Compromisso pessoal: confiar em Deus somente. "Baseado no que aprendi da Palavra de Deus, comprometo-me a confiar no Senhor para lutar esta batalha por mim. Dispensarei meu advogado(a) (se tiver um) e não comparecerei ao tribunal (a menos que eu esteja em desrespeito à lei)."

Data: _____ Assinado:_____

—————— Capítulo 14 ——————

Quem está Sem Pecado?

Adultério
Motivo para Perdão

Nota: Esse capítulo é destinado a ministrar para homens cujas esposas estão em adultério. Se foi **você** quem cometeu o adultério, por favor, não use esse capítulo para julgar a falta de perdão da sua esposa em relação a você!

O adultério deve ser sempre perdoado? O que Jesus fez? Ele disse à mulher pega em adultério: "Ninguém te condenou? (...) Nem Eu também te condeno; vai-te, e não peques mais" (João 8:10-11).

Você está sem pecados para poder atirar a primeira pedra em sua esposa? Jesus também disse às pessoas que queriam que a mulher adúltera fosse punida: "Aquele que de entre vós está sem pecado seja o primeiro que atire pedra contra ela" (João 8:7). Você está 'sem pecados'? "Se dissermos que não temos pecado, enganamo-nos a nós mesmos e não há verdade em nós" (1 João 1:8).

Se você escolher não perdoá-la. Quais são as graves consequências da falta de perdão? "Se, porém, não perdoardes aos homens as suas ofensas, também vosso Pai vos não perdoará as vossas ofensas" (Mateus 6:15).

Quando Deus se refere a adúlteros e fornicadores, Ele diz: "E é o que alguns **têm sido**; mas haveis sido lavados, mas haveis sido santificados, mas haveis sido justificados em nome do Senhor Jesus e pelo Espírito do nosso Deus" (1 Coríntios 6:11). "Porque... a mulher descrente é santificada por meio do marido. Se assim não fosse, seus filhos seriam impuros, mas agora são santos." (1 Coríntios 7:14). Uma vez que você e sua esposa são uma só carne, nós, do Ministério Restaurar, sugerimos que você se aproxime do Senhor, permitindo-lhe transformá-lo à Sua imagem. Quando você se apega a Deus, coisas maravilhas e surpreendentes irão começar a acontecer com sua esposa já que vocês são uma só carne!

Mas o adultério já aconteceu antes! Lembremo-nos do que Jesus disse quando Lhe perguntaram com que frequência deveríamos perdoar alguém "E, se pecar contra ti sete vezes no dia, e sete vezes no dia vier ter contigo, dizendo: Arrependo-me; perdoa-lhe" (Lucas 17:4).

Mas ela não se arrependeu! Quando Jesus estava na cruz pelos seus pecados, Ele clamou: "Pai, perdoa-lhes, porque não sabem o que fazem" (Lucas 23:34). Você vai exigir da sua esposa o que Jesus, embora completamente inocente, não exigiu dos que o perseguiam?

"Não te deixes vencer do mal, mas vence o mal com o bem." Deus especificamente pediu a Seu profeta Oséias para se casar novamente com sua esposa Gomer, mesmo ela tendo sido abertamente infiel a ele. "...Porque ela não é minha mulher, e eu não sou seu marido" (Oséias 2:2). "Ir-me-ei, e tornar-me-ei a meu primeiro marido, porque melhor me ia então do que agora." Oséias 2:7. "E o Senhor me (a Oséias) disse: Vai outra vez, ama uma mulher, amada de seu (marido), contudo adúltera" (Oséias 3:1). Deus usou a história de Oséias e Gomer para mostrar o Seu comprometimento com Sua própria noiva, a Igreja.

Estava perdido. "Mas quando volta para casa esse teu filho, que esbanjou os teus bens com as prostitutas, matas o novilho gordo para ele!" (Lucas 15:30) O pai respondeu ao filho mais velho, "Mas nós tínhamos que celebrar a volta deste seu irmão e alegrar-nos, porque ele estava morto e voltou à vida, **estava perdido** e foi achado" (Lucas 15:32).

Vou poder confiar nela novamente? Deus diz para confiarmos **Nele**, e então você será abençoado com uma esposa fiel. "Assim diz o Senhor: Maldito o homem que confia no homem, e faz da carne o seu braço. (...) Bendito o homem que confia no Senhor e cuja confiança é o Senhor." (Jeremias 17:5-7).

Como posso ajudar minha esposa? Ajude-a perdoando-a, amando-a e orando por ela. "Vigiai e orai, para que não entreis em tentação; o espírito, na verdade, está pronto, mas a carne é fraca" (Marcos 14:38). Todos que **permitiram a Deus** converter o coração de seu cônjuge, testificam que Deus removeu a cobiça deles por outra pessoa. Deus pode trazer outros testes em nossas vidas, para ter certeza, mas não adultério. Até porque, quando Deus cura, está feito. É uma cura e libertação completa do adultério. Mas lembre-se, se você semear para a carne, colherá carne. Homens, se vocês coagirem ou seduzirem sua esposa a voltar para casa, vocês colherão as consequências. Aprenda a esperar. Quando for a benção do Senhor, Ele não adicionará nenhuma dor a ela! (Provérbios 10:22).

O que a Sua Palavra diz que devemos (ou não devemos) fazer quando nossa esposa estiver em adultério?

Não devemos lisonjear. Nós devemos, ao contrário, edificar. "O homem que lisonjeia o seu próximo arma uma rede aos seus passos" (Provérbios 29:5). "Não saia da vossa boca nenhuma palavra torpe, mas só a que for boa para promover a edificação" (Efésios 4:29). Enquanto você está ocupado destruindo sua esposa e tentando machucá-la, o outro homem está lá animando-a. Enquanto você está discordando com a sua esposa, o outro homem está lá concordando com ela. Você TEM que edificar sua esposa.

Qual é, você pode perguntar, a diferença entre bajular (lisonjear) e edificar? Quando alguém bajula, o coração ou a motivação é de 'conseguir alguma coisa'. A motivação de alguém que edifica é dar algo – não esperando nada em troca. Dois homens podem estar dizendo a mesma coisa e ainda assim seus motivos serem completamente diferentes.

Deus pode trazer a Sua ira, *se* VOCÊ andar em humildade. "Mortificai, pois, os vossos membros, que estão sobre a terra: a prostituição, a impureza, a afeição desordenada, a vil concupiscência, e a avareza, que é idolatria. Pelas quais coisas vem a ira de Deus" (Colossenses 3:5-6). "Porque bem conhecemos aquele que disse: Minha é a vingança, Eu darei a recompensa, diz o Senhor. E outra vez: O Senhor julgará o Seu povo. Horrenda coisa é cair nas mãos do Deus vivo" (Hebreus 10:30-31).

Novamente, se você não perdoou, pode ser que você se alegre com a "ira de Deus". Isso também é perigoso. "Não se alegre quando o seu inimigo cair, nem exulte o seu coração quando ele tropeçar, para que o Senhor não veja isso e se desagrade e desvie dele a sua ira." (Provérbios 24: 17-18).

Não se engane – você não precisa saber o que sua esposa está fazendo. "Porque não há nada oculto que não venha a ser revelado e nada escondido que não venha a ser conhecido e trazido à luz." (Lucas 8:17). "Porque o que eles fazem em oculto *até* **dizê-lo** é torpe" (Efésios 5:12). (Os testemunhos daqueles que espionaram ou investigaram são **trágicos**. Por favor, não cometa esse erro!)

O Adúltero e a Adúltera

Ela não as conhece. "Ela não pondera a vereda da vida; as suas carreiras são *variáveis*, **e não as conhece.**" (Provérbios 5:3-6). Não espere que sua esposa aja pela lógica ou ouça a razão se ela estiver em adultério. A pior de todas as coisas que você pode fazer é tentar conversar com ela sobre a sua situação. E a segunda pior coisa é aparentar estar perplexo pela maneira como ela está agindo ou pelo que tem feito. Nós colocamos esse capítulo no livro para te ajudar a compreender essa situação trágica. Essa é uma batalha espiritual, então lute-a espiritualmente não mais perecendo por falta de conhecimento.

A adúltera está fora de casa! "A mulher veio então ao seu encontro, vestida como prostituta, cheia de astúcia no coração. *Ela é espalhafatosa e provocadora, seus pés nunca param em casa.*" (Pv 7:10-11). Por favor, leia a Lição 13 "Prover para Si Mesmo" no "*A Wise Man*", nosso manual para homens. Vai responder muito das perguntas que você deve estar se fazendo agora como, por exemplo: A "carreira" da minha mulher fora de casa contribuiu para o desmoronamento do nosso casamento? Por que eu permiti ou encorajei minha mulher a ajudar a prover o lar? Agora ela tem seu próprio dinheiro, seus próprios amigos e sua própria vida! "Se alguém não cuida de seus parentes, e especialmente dos de sua própria família, negou a fé e é pior que um descrente." (1 Timóteo 5:8). Você deve clamar por Sua promessa: "O meu Deus suprirá todas as necessidades de vocês, de acordo com as suas gloriosas riquezas em Cristo Jesus." (Filipenses 4:19).

A adúltera é enganada a pensar que não fez nada errado. "O caminho da mulher adúltera é assim: ela come, depois limpa a sua boca e diz: *Não fiz nada de mal!*" (Provérbios 30:20). Se você deseja que sua esposa volte para você siga essas diretrizes. "Ou será que você despreza as riquezas da sua bondade, tolerância e paciência, não reconhecendo que a **bondade** de Deus *o leva ao* *arrependimento?*" (Romanos 2:4). Mostre bondade à sua esposa, não condenação e críticas. Tenha certeza de que ela SABE que você assume total responsabilidade pelo adultério dela, exatamente como Jesus assumiu total responsabilidade por nossos pecados. Então pregue esses pecados na cruz de Jesus e caminhe no amor e perdão que **aniquilarão** o inimigo e suas ciladas!

Essa é uma batalha espiritual. Ela deve ser lutada e vencida no Espírito. Por favor, releia o capítulo 15 "As Nossas Armas de Guerra" para compreender melhor sobre Guerra Espiritual. No capítulo 17 também apresentamos exemplos de orações que funcionam poderosamente contra o adultério. Sempre ignore e resista à tentação de lutar na carne, seja brutal ou sedutoramente. Livros, programas de TV e amigos bem-intencionados podem tentar te balançar a usar o método do "amor duro", o que levará a ainda mais dor e ao desastre completo da sua restauração; ou a ser mais romântico para ganhá-la de volta. Nada disso é a causa e nem a solução para o pecado. **É uma Batalha Espiritual.** Ela deve ser lutada e **vencida** *no Espírito*. Amor, como descrito em 1 Coríntios 13, é sempre a resposta certa!

Uma vez que a sua esposa demonstre que ela sente que pode confiar em você (porque ela sabe que você não vai tentar fazê-la voltar, mas que a deixou ir), então é hora de atraí-la como é descrito no livro de Oséias.

Por consentimento mútuo. Muitos perguntam o que devem fazer se sua esposa infiel aproximar-se deles para ter intimidade física. "Mas, por causa da prostituição, cada um tenha a sua própria mulher, e cada uma tenha o seu próprio marido. O marido pague à mulher a devida benevolência, e da mesma sorte a mulher ao marido. A mulher não tem poder sobre o seu próprio corpo, mas tem-no o marido; e também da mesma maneira o marido não tem poder sobre o seu próprio corpo, mas tem-no a mulher. Não vos priveis um ao outro, *senão por **consentimento** mútuo por algum tempo, para vos* *aplicardes ao jejum e à oração;* e depois ajuntai-vos outra vez, para que Satanás não vos tente pela vossa incontinência" (1 Coríntios 7:2-5).

O versículo acima fala claramente sobre os que ainda estão casados legalmente. Se já houve divórcio, não dê entrada para o mal. Este é o tempo em que você deve se abster de intimidade mesmo se ela desejar e vier atrás de você para isso.

Compromisso pessoal: de perdoar. "Baseado no que aprendi da Palavra de Deus, comprometo-me a confiar no Senhor e a recusar lutar na carne. Continuarei a perdoar minha esposa diariamente e a todos que estão envolvidos. Permanecerei manso enquanto caminho em um espírito de perdão."

Data: _____ Assinado:_____

Capítulo 15

Ele Nos Deu as Chaves

"Eu darei a você as chaves
do Reino dos céus."
Mateus 16:19

Jesus deu-nos as chaves dos céus para "desligarmos" o mal e "ligarmos" o bem. "E eu te darei as **chaves** do reino dos céus; e tudo o que **ligares** na terra será ligado nos céus, e tudo o que desligares na terra será **desligado** nos céus" (Mateus 16:19).

Remova o mal. Ache um versículo a respeito do que você quer remover. Quando alguém está "preso" no pecado você deve primeiro amarrar o "valente", que é o espírito que oprime a pessoa pela qual você ora. Busque um versículo com o qual você possa orar. Aqui está o princípio, "*Ninguém* pode roubar os bens do valente, entrando-lhe em sua casa, se *primeiro* **não maniatar (amarrar) o valente**" (Marcos 3:27).

Substitua o mal pelo bem. Isto é muito importante! "Quando o espírito imundo tem saído do homem, anda por lugares secos, buscando repouso; e, não o achando, diz: *Tornarei para minha casa, de onde saí.* E, chegando, acha-a varrida e adornada. Então vai, e leva consigo outros sete espíritos piores do que ele e, entrando, habitam ali; e o último estado desse homem é **pior do que o primeiro**". (Lucas 11:24-26).

Se você falhar em substituir. Se você falhar em substituir o que você removeu, isto se tornará pior do que era antes de você orar. Você sempre deve substituir o mal por alguma coisa boa. Esta é a razão pela qual tantas pessoas que fazem dietas acabam engordando. Eles param de comer tudo que não é saudável, mas nunca substituem isto com algo bom, como oração, caminhadas, exercícios ou comer algo que, de fato, *seja* bom para eles.

Substitua as mentiras pela verdade. A verdade só pode ser encontrada em Sua Palavra. Ore um versículo de benção sobre a sua esposa, alguma coisa de Provérbios 31, por exemplo. Lembre-se, a menos que o que você ouça, ou leia ou que alguém fale para você seja compatível com os princípios da Palavra de Deus, É UMA MENTIRA!

Substitua a "armadura da carne" pelo "Senhor". Substitua a confiança na "armadura da carne" (você, um amigo, quem quer que seja) pela confiança no Senhor. "No demais, irmãos meus, fortalecei-vos no Senhor e na força do Seu poder" (Efésios 6:10).

Substitua a atitude de fugir para longe por correr para Deus! "Deus é o nosso refúgio e fortaleza, socorro bem presente na angústia". (Salmos 46:1). Corra para o livro de Salmos!

Substitua clamar a outra pessoa por clamar ao Senhor! Ele promete ouvi-lo e sustentá-lo imediatamente! Mas você **deve** clamar! "**Pedi** e dar-se-vos-á; buscai e encontrareis" (Mateus 7:7).

Preparando-se Para a Guerra

Coloque sua armadura diariamente como descrito em Efésios 6:10-18.

As ciladas do diabo. "No demais, irmãos meus, fortalecei-vos no Senhor e na força do Seu poder. Revesti-vos de toda a armadura de Deus, para que possais estar firmes contra as astutas ciladas do diabo" (Efésios 6:10-11). Lembre-se quem é seu real inimigo: Satanás, não sua esposa.

A armadura completa de Deus. "Assim, mantenham-se firmes, cingindo-se com o cinto da verdade..." (Efésios 6:14). As pessoas falam sobre "dar um passo de fé". Em certos momentos pode ser melhor parar de se mover e apenas permanecer firme! Isso pode representar a diferença entre confiar e tentar a Deus. Às vezes sentimos que estamos dando um "passo de fé", mas estamos, na verdade, nos jogando de um penhasco. No entanto, como você verá em seguida nesta lição, algumas vezes somos chamados a dar um passo e andar sobre a água, como Pedro foi chamado a fazer. Aqui é necessário o discernimento. *O grau de urgência que você estiver sentindo em um determinado momento pode te ajudar a discernir a vontade de Deus. Normalmente nossa 'carne' traz urgência; Deus normalmente nos diz para esperar.*

Sua justiça. "...e vestida a couraça da justiça" (Efésios 6:14). Deus está falando sobre Sua justiça, não a nossa. Ele nos diz em Sua Palavra que nossa justiça não é nada além de "trapo de imundícia" (Isaías 64:6).

Ande em paz. "E calçados os pés na preparação do evangelho da paz..." Efésios 6:15. Você pode clamar a promessa em Mateus: "Bem-aventurados são os pacificadores!" Esteja em paz com TODAS AS PESSOAS em TODOS os momentos!

O escudo da fé. "Tomando sobretudo o escudo da fé, com o qual podereis *apagar todos os dardos inflamados do maligno*". Efésios 6:16. Você deve ter fé – não em você ou em outra pessoa ou um juiz – fé em Deus, Nele somente! Circunstâncias nada têm a ver com fé. Acredite em Sua Palavra somente a respeito de sua situação.

O capacete da salvação. "Tomai também o capacete da salvação..." (Efésios 6:17). Você deve ser salvo, você deve ser um de Seus Filhos para realmente vencer uma batalha espiritual difícil. É tão fácil como falar com Deus neste exato momento. Apenas diga a Ele, em suas próprias palavras, que precisa Dele, agora. Peça que Ele se torne real para você. Peça a Ele que te perdoe pelos seus pecados e dê-lhe sua vida, uma vida que está uma confusão, e peça ao Senhor para torná-la nova.

Diga a Ele que fará o que Ele pedir, já que Ele agora é seu Senhor. Peça a Ele para "salvar você" de sua situação e da eternidade que está esperando por todos aqueles que não aceitam Seu presente da vida eterna. Agradeça a Ele por Sua morte na cruz, morte que Ele morreu por você. Você pode acreditar agora que não mais viverá sozinho; Deus sempre estará com você e você passará a eternidade no Paraíso!

A espada do Espírito. "Tomai (...) a espada do Espírito, que é a Palavra de Deus. " (Efésios 6:17). Isto é exatamente o que temos ensinado: use Sua Palavra para vencer a batalha. Quando a batalha é do Senhor, a vitória é nossa! Escreva em cartões 3x5 todos os versículos que vão ajudá-lo nessa batalha por seu casamento e sua família. Mantenha-os com você em todo o tempo. Quando sentir que um ataque está vindo, como de medo, leia os versículos a respeito do medo (leia Romanos 8:15 e Salmo 23 para achar maravilhosos versículos para contra-atacar o medo). Clame a Deus. Permaneça firme na fé. "Aquietai-vos e sabei que Eu sou Deus" (Salmos 46:10).

Ore em todo o tempo. "Orando em todo o tempo com toda a oração e súplica no Espírito" (Efésios 6:18). Ore profundamente em seu Espírito. Tenha horários designados para a oração três vezes ao dia (como Daniel fez). Esta foi uma das razões pelas quais ele foi lançado na cova dos leões. Não se preocupe, mas lembre-se que, mesmo que você seja lançado na cova, Deus vai fechar a boca dos leões!

Esteja alerta. "...e vigiando nisto com toda a perseverança e súplica por todos os santos" (Efésios 6:18). Ore por outra pessoa que você conhece toda vez que se sentir sobrecarregado. "De boa vontade, pois, me gloriarei nas minhas fraquezas, para que em mim habite o poder de Cristo. Por isso sinto prazer nas fraquezas, nas injúrias, nas necessidades, nas perseguições, nas angústias por amor de Cristo. Porque quando estou fraco então sou forte." (2 Coríntios 12:9-10).

Ore pelos que perseguem você. Deus também nos pediu para orarmos por alguém mais: nossos inimigos, todos eles. Ore por eles e peça a Deus para mostrar-lhe como Ele quer abençoá-los. Somente depois que Jó orou por seus 'amigos', Deus restaurou o que ele tinha perdido. "E o Senhor virou o cativeiro de Jó, quando orava pelos seus amigos; e o Senhor acrescentou, em dobro, a tudo quanto Jó antes possuía" (Jó 42:10). "Eu, porém, vos digo: Amai a vossos inimigos, bendizei os que vos maldizem, fazei bem aos que vos odeiam, e orai pelos que vos maltratam e vos perseguem" Ele continua e diz: "para que sejais filhos do vosso Pai que está nos céus" (Mateus 5:44-45).

Conheça a Palavra de Deus

Sua Palavra não voltará vazia. Você deve conhecer e aprender a Palavra de Deus. Você deve procurar as abençoadas promessas de Deus. Estes princípios são provenientes da Palavra de Deus e quando falamos Sua Palavra para Ele em oração, ela não voltará vazia.

Esta é a Sua promessa para você! "Assim será a Minha palavra, que sair da Minha boca; *ela não voltará para Mim vazia*, antes **fará** o que Me apraz, e **prosperará** naquilo para que a envie" (Isaías 55:11). Seu desejo é que você vença o mal deste mundo.

Busque por Seus princípios em sua Bíblia. Busque entendimento. Deus diz que se você buscar você vai encontrar. A

Palavra de Deus dá sabedoria. Olhar profundamente para o significado dará a você melhor entendimento. "E Eu vos digo a vós: Pedi e dar-se-vos-á; **buscai** e **achareis**; batei e abrir-se-vos-á" (Lucas 11:9). E quando você souber o que fazer, então pode aplicar isto em sua vida. "Com a **sabedoria** se *edifica* a casa, e com o **entendimento** ela se *estabelece*; e pelo **conhecimento** *se encherão as câmaras (quartos)* com todos *os bens preciosos* e *agradáveis*" (Provérbios 24:3-4).

Leia Sua Palavra com prazer. Marque os versículos em sua Bíblia. "Deleita-te também no Senhor, e (Ele) te concederá os desejos do teu coração" (Salmos 37:4). Separe um tempo para marcar os versículos, a fim de ter uma referência rápida em tempos de angústia (ou quando conduzir outra pessoa à Palavra). Em Lucas 4:4-10, o que Jesus respondeu quando Satanás estava procurando tentá-lo? "E Jesus lhe respondeu, dizendo: Está escrito... porque está escrito... dito está...".

Memorize. Medite dia e noite. Memorize as promessas que achar até que a abençoada segurança delas transborde em seu coração. Você deve aprender e conhecer as promessas de Deus se quiser depender Dele somente. "Antes tem o seu prazer na lei do SENHOR, e na sua **lei medita de dia e de noite.** Pois será como a árvore plantada junto a ribeiros de águas, a qual dá o seu fruto no seu tempo; as suas folhas não cairão, e tudo quanto fizer prosperará" (Salmos 1:2-3).

Não importa quão ruins as coisas pareçam, Deus está no controle. Nosso consolo está em saber que Deus está no controle, não nós e, certamente, não Satanás. "Simão, Simão, eis que Satanás vos **pediu** *(permissão)* para vos cirandar (peneirar) como trigo; mas Eu roguei por ti, para que a tua fé não desfaleça; e tu, quando te converteres, confirma teus irmãos" (Lucas 22:31-32).
Peneirado. Jesus sabia o resultado, embora Pedro tivesse que ser "peneirado" para estar preparado para o chamado de Deus em sua

vida. Você estará preparado quando Ele lhe chamar? "Tenha, porém, a paciência a sua obra perfeita, para que sejais **perfeitos e completos**, *sem faltar em coisa alguma*". (Tiago 1:4).

Guerra Espiritual

Leve seus pensamentos cativos. Sua batalha SERÁ vencida ou perdida em sua mente. "**Destruindo** os **conselhos** e toda a altivez que se levanta contra o conhecimento de Deus, e **levando cativo todo o entendimento** à obediência de Cristo. E estando prontos para vingar toda a desobediência, quando for cumprida a vossa obediência" (2 Coríntios 10:5-6). Não jogue pelas mãos do inimigo. Não estimule pensamentos maus. Leve-os cativos!

O Poder de Três

Dois ou três reunidos. Procure outros dois HOMENS que orem com você. "E acontecia que, quando Moisés levantava a sua mão, Israel prevalecia; mas quando ele abaixava a sua mão, Amaleque (o inimigo) prevalecia. Porém as mãos de Moisés eram pesadas, por isso tomaram uma pedra, e a puseram debaixo dele, para assentar-se sobre ela; e Arão e Hur sustentaram as suas mãos, um de um lado e o outro do outro; assim ficaram as suas mãos firmes até que o sol se pôs. (...)" (Êxodo 17:11-12).

Ache **dois** outros **homens** para te apoiarem para que você não fique muito fraco. Ore para que Deus o ajude a achar dois outros homens que tenham a mesma mentalidade.

O poder de três. "E, se alguém prevalecer contra **um**, os **dois** lhe resistirão; e o cordão de **três** dobras não se quebra tão depressa" (Eclesiastes 4:12).
Para levantar o outro. "*Melhor* é serem **dois** do que **um**, porque *têm melhor paga do seu trabalho. Porque se um cair, o outro levanta*

o seu companheiro. Mas ai do que estiver só; pois, caindo, não haverá outro que o levante" (Eclesiastes 4:9-10).

Ele está com você. "Porque, onde estiverem **dois ou três** *reunidos* em Meu nome, aí estou eu no meio deles" (Mateus 18:20). "Então o rei Nabucodonosor se espantou e se levantou depressa; falou, dizendo aos seus conselheiros: Não lançamos nós, dentro do fogo, **três** homens atados? Responderam e disseram ao rei: É verdade, ó rei. Respondeu, dizendo: Eu, porém, vejo **quatro** homens soltos, que andam passeando dentro do fogo, sem sofrer nenhum dano; e o aspecto do quarto se parece com um *filho dos deuses.* " (Daniel 3:24). Você nunca está sozinho!

Concordância. "Também vos digo que, se **dois** de vós *concordarem* na terra acerca de **qualquer coisa** que pedirem, isso lhes será feito por Meu Pai, que está nos céus" (Mateus 18:19). Quando você estiver lutando com a paz sobre algo, ligue para alguém que esteja crendo com você e ore em concordância.

Estar na brecha. "E busquei dentre eles um homem que estivesse tapando o muro e **estivesse na brecha** perante Mim por esta terra, para que Eu não a destruísse; porém a **ninguém** *achei*." (Ezequiel 22:30).

Orar uns pelos outros. "Confessai as vossas culpas uns aos outros, e *orai uns pelos outros*, para que sareis. A oração feita por um justo pode muito em seus efeitos" (Tiago 5:16). E também, confessar a um homem de mesma mentalidade é a melhor forma de obter um coração puro.

Faça sua confissão. Esdras sabia o que fazer quando orava: "E enquanto Esdras orava e **fazia confissão**, chorando e prostrando-se diante da casa de Deus..." (Esdras 10:1). Continue confessando a verdade.

Quando você desiste de orar? Nunca! Temos um maravilhoso exemplo do fato de que Deus nem sempre está dizendo 'não' quando não temos nossas orações respondidas.

Sua fé é grande. A mulher cananeia continuou a implorar a Jesus pela cura de sua filha. O resultado: "...Então respondeu Jesus, e disse-lhe: Ó mulher, **grande é a tua fé**! Seja isso feito para contigo como tu desejas. E desde aquela hora a sua filha ficou sã" (Mateus 15:2). Quando oramos por alguma coisa que é claramente a vontade de Deus e parece que não fomos ouvidos ou que Ele disse algo que pensamos que seja 'Não', Deus simplesmente quer dizer que devemos continuar pedindo, esperando, implorando, jejuando, crendo, pranteando, nos entregando prostrados diante Dele!

A batalha pela alma dela. A verdadeira batalha pelo nosso lar é a batalha pela alma de nossas esposas! Você está em jugo desigual? Lembre-se que você tem a promessa: "... (serás salvo), tu e toda a tua casa" (Atos 11:14).

Oração e Jejum

Oração E jejum. Jesus disse a seus apóstolos: "Mas esta casta de demônios não se expulsa senão pela **oração** e pelo **jejum**" (Mateus 17:21). Se você tem orado fervorosamente e verificado para ver se seus caminhos são puros, então está sendo chamado a jejuar. Há diferentes durações de jejuns:

Jejum de três dias. Ester jejuou "pelo favor" de seu marido, o rei. Ela jejuou 3 dias "pelo favor". "Vai, ajunta a todos os judeus que se acharem em Susã, e jejuai por mim, e não comais nem bebais por *três dias*, nem de dia nem de noite, e eu e as minhas servas também assim **jejuaremos**" (Ester 4:16)

Jejum de um dia. O jejum de um dia começa à noite, depois de sua refeição noturna. Você só bebe água até o período de 24 horas se completar, então come a refeição noturna do dia seguinte. Você jejua e ora durante este período por sua petição. Este jejum pode ser feito algumas vezes por semana.

Jejum de sete dias. "E sucedeu que, ouvindo eu estas palavras, assentei-me e chorei, e lamentei por **alguns dias**; e **estive jejuando e orando** perante o Deus dos céus" (Neemias 1:4). Normalmente será durante um grande pesar que você será 'chamado' a jejuar por sete dias.

Meus joelhos estão fracos de tanto jejuar. Quando você está com fome ou fraco, use este momento para orar e ler Sua Palavra. "**De jejuar estão enfraquecidos os meus joelhos**, e a minha carne emagrece" (Salmos 109-24).

Com o objetivo de ser visto. Mantenha tanto silêncio a respeito de seu jejum quanto for possível. Durante o jejum, você deve estar em silêncio, nunca reclamar ou chamar a atenção para você. "E, quando **jejuardes,** não vos mostreis **contristados** como os **hipócritas**; porque desfiguram os seus rostos, **para que aos homens pareça que jejuam.** Em verdade vos digo que *já receberam o seu galardão.* Tu, porém, quando jejuares, unge a tua cabeça, e lava o teu rosto, *para não pareceres aos homens que jejuas,* mas a teu Pai, que está em secreto; *e teu Pai, que vê em secreto, te recompensará publicamente*" (Mateus 6:16-18).

Muitos nos escrevem porque dizem que não podem jejuar. Se for por razões médicas então jejue privando-se 'qualquer coisa boa'. Se, no entanto, você achar que não pode jejuar porque está trabalhando - você está dando muito pouco crédito a si mesmo e a Deus!

A intensidade de suas provações é um sinal de que você perto da vitória. Suas provações podem se intensificar quando você estiver perto de alcançar a vitória. "Por isso **alegrai-vos**, ó céus, e vós que neles habitais. Ai dos que habitam na terra e no mar; porque o diabo desceu a vós, e tem grande ira, *sabendo* que já tem **pouco tempo**" (Apocalipse 12:12).

Ninguém deve se vangloriar. Quando uma batalha é vencida ou quando a batalha acabou, gloriemo-nos somente Nele. Vamos continuar a ser humildes. "Porque pela graça sois salvos, por meio da fé; e isto não vem de vós, é **dom de Deus**. Não vem das obras, *para que ninguém se glorie*" (Efésios 2:8-9). Todos nós pecamos e carecemos da glória de Deus. Então vamos lembrar disto quando a batalha for vencida. Nossa justiça não é nada além de trapos imundos. Glorie-se Nele!

Data: _____ Assinatura: _____

Capítulo 16

Procurei por um Homem

"E busquei dentre eles um homem
que estivesse tapando o muro
e estivesse na brecha perante Mim
por esta terra, para que eu não a destruísse;
porém a ninguém achei."
Ezequiel 22:30

"Amado Pai Celestial, entro em meu quarto de oração e, agora que fechei a porta, oro a Ti em secreto, meu Pai. Como Tu me vês em secreto, Tu me recompensarás publicamente. Está escrito que todas as coisas, o que for que nós pedirmos em oração, crendo, receberemos.

"Ó Deus, Tu és o meu Deus, cedo de manhã eu buscarei a Ti. Minha alma tem sede de Ti em uma terra seca e deserta, onde não há água. Senhor, não há ninguém além de Ti para ajudar na batalha entre os poderosos e aqueles que não têm nenhuma força. Então, ajuda-nos, Ó Senhor nosso Deus, porque confiamos em Ti e em Teu nome viemos contra esta multidão. Ó Senhor, Tu és o meu Deus; que nenhum homem prevaleça contra Ti.

"Seus olhos, Senhor, percorrem toda a terra para que Tu possas apoiar fortemente aquele cujo coração é totalmente Teu. Sonda meu coração.

"Porque, embora nós andemos na carne, não lutamos com as armas da carne, porque as armas da nossa milícia não são carnais, mas poderosas em Deus para a destruição de fortalezas. Destruindo os conselhos e toda a altivez que se levanta contra o conhecimento de Deus e levando cativo todo o entendimento à obediência de Cristo. E Tu estás pronto para vingar toda a desobediência, quando for cumprida a Tua obediência.

"Ó faz com que a maldade do ímpio chegue ao fim, mas estabelece o justo. Não temerei o mal, meu coração está firmado, confiando no Senhor. Meu coração esta firme, não temerei, até ver meu desejo completar-se contra o inimigo.

"Qualquer coisa que liguemos na terra será ligado nos céus, e qualquer coisa que desliguemos na terra terá sido desligada nos céus. Eu peço a Ti, Pai Celestial, para repreender e amarrar Satanás no nome e pelo sangue de Jesus Cristo. Cerque seus caminhos com espinhos e constrói uma muralha contra ele, para que não possa achar seus caminhos.

"Abraão esperou contra a esperança, creu em esperança. E não enfraqueceu na fé, nem duvidou da promessa de Deus por incredulidade, mas foi forte na fé, dando glória a Deus. Ele estava plenamente convicto de que o que Tu havias prometido, Tu eras capaz de cumprir.

"Pois na esperança somos salvos, mas a esperança que se vê não é esperança, porque o que alguém vê, como o espera? Mas se esperamos o que não vemos, então com paciência o aguardamos. Eu teria perecido sem dúvida se não cresse que veria a bondade do Senhor na terra dos viventes. Espere no Senhor, anime-se e Ele fortalecerá o seu coração; sim, espera no Senhor. Pois os que esperam no Senhor renovarão as suas forças, subirão com asas como águias; correrão e não se cansarão; caminharão e não se fatigarão.

"Pois desde o principio do mundo o olho não viu, o ouvido não ouviu e não subiu ao coração do homem, o que Deus preparou para os que o amam e esperam Nele. Certamente que a bondade e a misericórdia me seguirão todos os dias da minha vida e habitarei na casa do Senhor para sempre. Amém."

Orações Por Aqueles Que Estão em Adultério

"Eu peço a Ti, Pai, para repreender e amarrar Satanás no nome e pelo sangue do Senhor Jesus Cristo. Peço a Ti que construas uma Cerca de Espinhos em volta de minha esposa, para que qualquer pessoa que esteja interessada nela perca o interesse e a deixe. Eu baseio minha oração no mandamento da Tua Palavra que diz: 'Portanto, o que Deus ajuntou não o separe o homem'. Eu Te agradeço, Pai, por ouvir e atender a minha oração. Amém".

"Portanto, eis que cercarei o seu caminho com espinhos e levantarei um muro de sebe, para que ela não ache as suas veredas. Ela irá atrás de suas amantes, mas não os alcançará; e buscá-los-á, mas não os achará. Então dirá: Ir-me-ei e tornar-me-ei a meu primeiro marido, porque melhor me ia então do que agora. Portanto, eis que eu a atrairei, a levarei para o deserto e lhe falarei ao coração. E da sua boca tirarei os nomes dos Baalins. E o Senhor me disse: Vai outra vez, ama uma mulher ainda que adúltera". *Baseada em Oséias 2 e 3.*

"Bebe água da tua fonte e das correntes do teu poço. Derramar-se-iam as tuas fontes por fora, e pelas ruas os ribeiros de águas? Sejam para ti só, e não para os estranhos contigo. Seja bendito o teu manancial, e alegra-te com a mulher da tua mocidade. Como cerva amorosa e gazela graciosa, os seus seios te saciem todo o tempo e pelo seu amor sejas atraído perpetuamente. E porque, filho meu, te deixarias atrair por outra mulher e te abraçarias ao peito de uma estranha? Porventura tomará alguém fogo no seu seio, sem que suas vestes se queimem? Ou andará alguém sobre brasas, sem que se queimem os seus pés? Assim ficará o que entrar à mulher do seu próximo; não será inocente todo aquele que a tocar. Pois os caminhos do homem estão perante os olhos do Senhor e ele pesa todas as suas veredas". *Baseada em Provérbios 5 e 6.*

"Porque, andando na carne, não militamos segundo a carne. Porque as armas da nossa milícia não são carnais, mas sim poderosas em Deus para destruição das fortalezas. Destruindo os conselhos e toda a altivez que se levanta contra o conhecimento de Deus, e levando cativo todo o entendimento à obediência de Cristo". *Baseado em 2 Coríntios 10.*

"Deus nos deu o ministério da reconciliação. Isto é, Deus estava em Cristo reconciliando consigo o mundo, não lhes imputando os seus pecados; e pôs em nós a palavra da reconciliação. De sorte que somos embaixadores da parte de Cristo, como se Deus por nós rogasse. Rogamos-vos, pois, da parte de Cristo, que vos reconcilieis com Deus". *Baseado em 2 Coríntios 5.*

"Haverá alegria no céu por um pecador que se arrepende mais do que por noventa e nove justos que não necessitam de arrependimento. Sim, há alegria diante dos anjos de Deus por um pecador que se arrepende. Pois Jesus disse: Aquele que de entre vós está sem pecado seja o primeiro que atire pedra contra ela. Nem Eu também te condeno; vai-te, e não peques mais". *Baseado em Lucas 15 e João 8.*

"Nem Eu também te condeno" (João 8:11).

Orações Por Restauração

"Ouve a minha oração, Ó Senhor, ouve meu clamor, não fique em silêncio em relação às minhas lágrimas. Põe as minhas lágrimas no teu odre. Não estão elas no Teu livro? Mas eu sou pobre e necessitado; contudo o Senhor cuida de mim. Tu és o meu auxílio e o meu libertador; não Te detenhas, Ó meu Deus". *Baseada em Salmos 40 e 56.*

"Embora tenham planejado o mal contra Ti, eles não terão sucesso. Quando meus inimigos se voltam, eles caem e perecem perante a Ti. Tu apagaste seus nomes para sempre. A memória deles pereceu. Ainda um pouco mais e o ímpio não mais existirá. E atentarei cuidadosamente para seu lugar e ele não estará mais lá. Mas os humildes herdarão a terra e se deliciarão em abundante prosperidade". *Baseada em Salmos 21.*

"Tu cercas o justo com um escudo. Em paz também me deitarei e dormirei, porque só tu, Senhor, me fazes habitar em segurança. Ofereçam a Deus sacrifícios de ações de graças. E invoca-me no dia da angústia. Eu te livrarei, e tu Me glorificarás". *Baseada em Salmos 4 e 50.*

"Seja forte e fortaleça seu coração, todos que esperam no Senhor. Seja o seu pastor, Senhor, e carregue-os para sempre. Teria perecido se não cresse que veria a bondade do Senhor na terra dos viventes. Espera no Senhor, anima-te, e ele fortalecerá o teu coração; espera, pois, no Senhor". *Baseada em Salmos 27.*

Que o Senhor Lhe Conceda a Vitória!

Compromisso pessoal: de lutar no Espírito por minha esposa e meu casamento. "Baseado no que aprendi da Palavra de Deus, comprometo-me a lutar no Espírito ao invés de continuar a lutar na carne. Reconheço que quando luto na carne eu perco a batalha espiritual. Desta forma, comprometo-me a gastar minha energia, tempo e pensamentos na batalha espiritual por meu casamento e minha família".

Data: _____ Assinado:_____

—————— Capítulo 17 ——————

Abrindo as Janelas dos Céus

"Fazei prova de mim nisso',
diz o Senhor dos Exércitos,
se eu não vos abrir as janelas do céu,
e não derramar sobre vós uma benção tal
até que não haja lugar suficiente para a recolherdes"
Malaquias 3:10

Essa é uma afirmação extremamente poderosa da parte de Deus. Em nenhum outro lugar nas Escrituras Deus nos diz para testá-Lo, exceto aqui nesse versículo. O que é isso que Deus diz que O fará abrir as janelas do céu e derramar Sua bênção sobre nós a ponto de transbordar?

"Trazei todos os dízimos à casa do tesouro, para que haja mantimento na Minha casa, e depois fazei prova de Mim nisto, diz o Senhor dos Exércitos, se Eu não vos abrir as janelas do céu, e não derramar sobre vós uma bênção tal até que não haja lugar suficiente para a recolherdes". (Malaquias 3:10)

Você vê? É o dízimo. Dizimar fará com que o Senhor abra as janelas do céu e Suas bênçãos chovam sobre sua vida!

Muitos Cristãos se esquivam de aprender tudo que podem a respeito desse importante princípio, mas, por favor, não perca essa chance!

Deus quer que nós sejamos fiéis e obedientes em **todas** as coisas, e quando negligenciamos ou escolhemos ser desobedientes em uma área das nossas vidas, isso afetará as outras áreas também.

O que exatamente é o dízimo? É devolver ao Senhor dez por cento das primícias de sua renda.

Nossa sociedade, como um todo, é ignorante desse princípio. Muitas igrejas falham com seus membros, negligenciando em ensiná-los sobre a importância do dízimo. Por que isso é tão sério? Porque Deus se ira quando falhamos em devolver a Ele o que Lhe pertence por direito. "Do Senhor é a terra e tudo o que nela existe, o mundo e os que nele vivem". (Salmos 24:1). Dizimar é um ato de adoração.

Há uma grande quantidade de Cristãos que, ou estão vivendo na miséria, ou estão tão endividados quanto os descrentes. Mas Deus deseja fazer de cada crente "a cabeça e não a cauda". Ele quer que você esteja "acima" e não "embaixo" de dívidas ou qualquer outra coisa que irá governar ou controlar a sua vida. (Deuteronômio 28:13). Nos foi dito "Não devam nada a ninguém, a não ser o amor de uns pelos outros..." (Romanos 13:8). "O rico domina sobre o pobre; quem toma emprestado é escravo de quem empresta". (Provérbios 22:7)

A maioria dos Cristãos nos Estados Unidos é tão ricamente abençoada, especialmente se olharmos para outras nações e o nível de pobreza em que a maioria das pessoas no mundo vive. Nós gastamos nossos ganhos em prazeres enquanto nossas igrejas, missionários e ministérios lutam para conseguir sobreviver. Por quê? Porque tentamos reter aquilo que não é nosso por direito.

Nós recebemos, mas doamos pouco. "Lembrem-se: aquele que **semeia pouco** também **colherá pouco**, e aquele que **semeia com fartura** também **colherá fartamente**. Cada um dê conforme determinou em seu coração, não com pesar ou por obrigação, pois Deus ama quem dá com alegria". (2 Coríntios 9:6-7).

Nós pedimos e ficamos imaginando por que não recebemos. "Quando pedem, não recebem, pois pedem por motivos errados, para **gastar em seus prazeres**". (Tiago 4:3).

Deus queria **abençoar** Seu povo, mas Ele não o fez porque não estavam dispostos a doar para a Sua casa do tesouro. Ele lhes disse em Ageu 1:6-7,

"Vocês têm plantado muito, e colhido pouco. Vocês comem, mas não se fartam. Bebem, mas não se satisfazem. Vestem-se, mas não se aquecem. Aquele que recebe salário, recebe-o para colocá-lo numa bolsa furada. Assim diz o Senhor dos Exércitos: "Vejam aonde os seus caminhos os levaram!"".

"'Vocês esperavam muito, mas, eis que veio pouco. E o que vocês trouxeram para casa eu **dissipei com um sopro**. E por que o fiz?', pergunta o Senhor dos Exércitos. 'Por causa do meu templo, que ainda está destruído enquanto cada um de vocês se ocupa com a sua própria casa'" (Ageu 1:9).

Compreendendo o Dízimo

É irônico que tantos Cristãos acreditem erroneamente que não têm condições de dizimar e abençoar a Deus através de ofertas. A verdade é que eles estão simplesmente presos em um círculo vicioso que só obediência e fé podem curar. Eles não têm condições de doar porque roubam a Deus para pagar aos homens, e assim roubam de si mesmos as suas bênçãos!

Na realidade, quando estamos em profunda miséria é que o Senhor nos pede para doarmos. Os Cristãos da Macedônia compreendiam e aplicavam esse princípio de doar: "No meio da mais severa tribulação, a grande alegria e a extrema pobreza deles transbordaram em rica generosidade". (2 Coríntios 8:2). Parece um pouco com muitos de nós, não?

Por que 10%?

A palavra dízimo em hebraico é **"ma'asrah"**, que se traduz como "um décimo". Então todas as vezes em que Deus fala conosco em Sua Palavra e diz para "dizimarmos", Ele está dizendo para darmos a Ele um décimo.

Por que eu devo dar meu dízimo *primeiro*, antes de pagar as minhas contas?

Esse é o princípio dos "primeiros frutos" do nosso labor. Deuteronômio 18:4 nos diz, "Vocês terão que dar-lhes as **primícias** do trigo, do vinho e do azeite, e a primeira lã da tosquia das ovelhas". Em Êxodo 34:24 e 26, Deus diz, "Expulsarei nações de diante de você e ampliarei o seu território... Traga o melhor dos **primeiros frutos** da terra ao santuário do Senhor, o seu Deus...".

Isso também é confirmado no Novo Testamento quando Jesus disse em Mateus 6:33, "Busquem, pois, em **primeiro** lugar o Reino de Deus e a sua justiça, e **todas** essas coisas serão acrescentadas a vocês".

Onde eu devo dar o dízimo?

Malaquias 3:10 nos diz, "Trazei todos os dízimos à **casa do tesouro**, para que haja mantimento na Minha casa, e depois fazei prova de Mim nisto, diz o Senhor dos Exércitos, se Eu não vos abrir as janelas do céu, e não derramar sobre vós uma bênção tal até que não haja lugar suficiente para a recolherdes".

Sua **casa do tesouro** é onde você é espiritualmente alimentado. Muitos Cristãos cometem o erro de doar onde eles **não** são espiritualmente alimentados, mas preferem doar onde eles veem que há uma necessidade – mas isso é loucura. É como ir a um restaurante, pedir uma refeição, mas quando chega a conta você diz ao atendente que prefere doar para o restaurante no fim da rua que não está indo muito bem!

Se você está frequentando uma igreja onde está sendo espiritualmente alimentado, então você deveria estar dizimando, no mínimo, um décimo de sua renda para a sua igreja local. Isso significa que se você frequenta uma igreja e se sente guiado a semear financeiramente em nosso ministério (ou qualquer outro ministério ou missão), então essa seria uma oferta "acima e além" do seu dízimo. Não queremos que você roube da sua igreja para semear em nosso ministério "pois isso não seria proveitoso para vocês". (Hebreus 13:17).

No entanto, muitos dos membros de nossa irmandade **não** estão frequentando uma igreja (por várias razões) *e* estão sendo nutridos através do dízimo do nosso ministério, por estarem semeando na restauração de casamentos, já que é aqui que eles estão sendo espiritualmente alimentados.

Novamente, como estamos te encorajando ao longo de todo esse livro – busque a **Deus**. Isso vale para todas as coisas, inclusive suas finanças. E então seja obediente e fiel a **Ele**!

Não cometa o erro de seguir diligentemente todos os princípios para restaurar seu casamento e ainda assim falhar no do dízimo, e, no final, ver seu casamento não restaurado porque você está roubando a Deus.

Lembre-se, Malaquias 3:8-9 diz, "**Roubará o homem a Deus?** Contudo vocês estão me roubando. E ainda perguntam: 'Como é que te roubamos? ' Nos **dízimos** *e* nas **ofertas.** Vocês estão debaixo de grande maldição porque estão me roubando; a nação toda está me roubando".

Mas desde que não estou debaixo da lei e vivo pela graça, 10% não é mais requerido, é?

A graça de Deus garante dar mais, não menos. Quando experimentamos o Seu perdão, Sua misericórdia, Sua compaixão e o Seu sacrifício do Seu sangue derramado pelo qual nos tornamos participantes de Sua glória, aumenta nosso desejo de dar mais, certamente não menos.

"...Vocês receberam de graça; **deem também de graça**". (Mateus 10:8)

"Aquele que não poupou seu próprio Filho, mas o entregou por todos nós, como não nos dará com ele, e **de graça**, todas **as coisas?**" (Romanos 8:32)
Entretanto, "...aquele que **semeia pouco** também **colherá pouco**, e aquele que **semeia com fartura** também **colherá fartamente**". (2 Coríntios 9:6)

Mas se temos uma mente dobre e não acreditamos realmente que Deus proverá para nós, "não pense tal homem que receberá do Senhor alguma coisa". Quando nos agarramos ao que temos para tentar cuidar de nós mesmos, nunca veremos o maravilhoso poder de Deus a nosso favor.

O desejo de Deus é derramar Seu poder e Suas bênçãos em nossas vidas. Quando damos o dízimo estamos sendo obedientes. Mas quando, por total gratidão e adoração, damos ofertas além do que nos é ordenado, estamos verdadeiramente abrindo a porta para que Deus derrame Suas bênçãos e realize o Seu deleite nas nossas vidas.

Sabemos que Ele "é capaz de fazer infinitamente mais do que tudo o que pedimos ou pensamos, de acordo com o seu poder que atua em nós". (Efésios 3:20)

"Busquem, pois, em primeiro lugar o Reino de Deus e a sua justiça, e todas essas coisas serão acrescentadas a vocês". (Mateus 6:33) Nós tomamos Deus por Sua Palavra ou não?

Princípios da Administração

Como vimos, o dízimo é um princípio importante na Bíblia. Deus espera que dizimemos de volta para Ele uma porção do que Ele, tão generosamente, tem nos dado. De fato, tudo que Ele nos dá ainda pertence a Ele — somos mordomos em quem Ele confiou para cuidar da Terra e tudo que nela há. Como lidamos com o que nos foi confiado por Ele — nosso dinheiro, nossos talentos, nosso tempo e nossa família — demonstra a nossa obediência à Sua Palavra, nossa confiança em Sua promessa de prover, e, mais importante, nossa fé nEle.

A forma como você vê e lida com suas finanças é fundamental para o seu crescimento Cristão, e compreender os princípios de Deus sobre mordomia irá capacitá-lo para amadurecer em sua caminhada espiritual e herdar as bênçãos que Ele tem para a sua vida.

Como você leu até aqui nesse livro, Deus lida com muitas áreas em nossas vidas que indiretamente afetam nosso casamento. Não basta se concentrar exclusivamente em princípios sobre o casamento, mas, novamente, Deus está usando essa provação em seu casamento para transformar você mais à Sua imagem enquanto te afasta da destruição do mundo e te mostra o caminho para a vida.

As riquezas de Deus não são para nos "tornar ricos" à maneira que o mundo busca riquezas, mas, ao contrário, Suas bênçãos são parte da nossa herança. Deus quer que prosperemos (Jeremias 29:11) contanto que Ele saiba que usaremos nossa herança com sabedoria, não permitindo que a prosperidade nos traga ruína. Dar um carro para uma criança que é jovem demais é mais do que certo que acabará em tragédia. Só quando um dos pais vir maturidade é que ele vai querer passar as chaves desse carro.

Deus quer que tenhamos uma atitude madura em relação ao dinheiro porque ele tem o poder de afetar nossa habilidade de tomar decisões sábias: "Duas coisas peço que me dês antes que eu morra: Mantém longe de mim a falsidade e a mentira; não me dês nem pobreza nem riqueza; dá-me apenas o alimento necessário. Se não, tendo demais, eu te negaria e te deixaria, e diria: 'Quem é o Senhor? 'Se eu ficasse pobre, poderia vir a roubar, desonrando assim o nome do meu Deus". (Provérbios 30:7-9)

Está claro, entretanto, que é o desejo de Deus abençoar Seus filhos. Aqui estão mais alguns versículos que mostram o coração de Deus em relação a você como um dos Seus filhos:

"A **bênção do Senhor** traz **riqueza** e não inclui dor alguma". (Provérbios 10:22)

"A *recompensa da humildade* e do *temor do Senhor* são a riqueza, a honra e a vida". (Provérbios 22:4)

"Pelo **conhecimento** os seus cômodos se enchem do que é precioso e **agradável**". (Provérbios 24:4)

" O **fiel** será **ricamente abençoado**, mas quem *tenta enriquecer-se* depressa não ficará sem castigo". (Provérbios 28:20)

Esses versículos sustentam que há condições para as bênçãos financeiras (maturidade espiritual) e que é realmente uma condição de coração (uma ausência de ganância).

Todos nós queremos as bênçãos de Deus sobre nossa vida, mas você sabia que a maneira como você lida com suas bênçãos tem muito a ver com como você cresce no Senhor e em que grau Deus pode trabalhar em sua vida?

"Nenhum servo pode servir dois senhores; porque, ou há de odiar um e amar o outro, ou se há de chegar a um e desprezar o outro. Não podeis servir a Deus e a Mamom (riquezas fraudulentas, dinheiro, posses ou seja o que for em que você confie)". (Lucas 16:13).

"Quem é fiel no pouco, também é fiel no muito, e quem é desonesto no pouco, também é desonesto no muito. Assim, se vocês não forem dignos de confiança em lidar com as riquezas deste mundo ímpio, quem confiará as verdadeiras riquezas a vocês?" (Lucas 16: 10-11).

Aumentar nossa capacidade de sermos usados por Deus, o que é riqueza espiritual, e obter as coisas *maiores* (ter o poder e a presença de Deus em nossas vidas) depende, em parte, do jeito como lidamos com nossas finanças.

Para ir além e provar isso, há cerca de 500 referências na Bíblia sobre fé e 500 sobre oração, mas há mais de 2000 versículos se referindo as nossas finanças! Além das leis espirituais que foram estabelecidas quando Deus criou o universo (veja o capítulo 1), Deus também estabeleceu leis financeiras, as quais Ele compartilhou conosco em Sua Palavra. Nos beneficiamos ao seguir as leis ou sofremos as consequências quando desobedecemos. Não importa se somos ignorantes dessas leis ou escolhemos rejeitá-las; como a gravidade, elas existem e não podem ser debatidas.

Princípio #1: Nós colhemos o que plantamos.

Um dos princípios mais importantes de mordomia é semear e colher. Para colher, precisamos primeiro semear as sementes. Há muitas Escrituras que nos dão conhecimento do assunto de semeadura e colheita. Aqui estão apenas algumas:

"Lembrem-se: aquele que **semeia pouco** também **colherá pouco**, e aquele que **semeia com fartura** também **colherá fartamente**". (2 Coríntios 9:6)

"Aqueles que semeiam com lágrimas, com cantos de alegria colherão". (Salmos 126:5)

"Não se deixem enganar: de Deus não se zomba. Pois o que o homem **semear** isso também **colherá**". (Gálatas 6:7)

"Quem **semeia para a sua carne** da carne **colherá destruição**; mas quem **semeia para o Espírito** do Espírito **colherá a vida eterna**". (Gálatas 6:8)

"E não nos cansemos de **fazer o bem**, pois no tempo próprio **colheremos**, se **não desanimarmos**" (Gálatas 6 :9)

Quando semeamos com entendimento desse princípio e com fé em Deus e em Sua Palavra, nós devemos ter a **expectativa** da colheita onde houvermos semeado! Isso é realmente animador!

Nenhum fazendeiro perderia tempo ou dinheiro semeando sementes se ele **não** tivesse expectativas de colher. Além disso, se ele quisesse **colher** uma colheita de milho, ele **semearia** milho. Se ele quisesse **colher** trigo, ele **semearia** trigo.

Portanto, se você quer colher bondade, semeie bondade. Se você quer colher perdão, perdoe! Se você quer colher restauração em seu casamento, então **semeie restauração** seja ministrando e/ou semeando financeiramente — então **antecipe** a colheita, já que os princípios de Deus e Suas promessas são verdadeiras e Ele é fiel!!

Podemos também acreditar na promessa de Deus de que ao semear na Sua obra estamos semeando para o nosso futuro eterno. "Não acumulem para vocês tesouros na terra, onde a traça e a ferrugem destroem e onde os ladrões arrombam e furtam. Mas acumulem para vocês **tesouros nos céus**, onde a traça e a ferrugem não destroem e onde os ladrões não arrombam nem furtam. Pois onde estiver o seu tesouro, aí também estará o seu coração". (Mateus 6:19-21). O mais importante é que o que fazemos com nosso dinheiro aqui na Terra é uma indicação verdadeira de onde está o nosso coração.

"Aquele que supre a semente ao que semeia e o pão ao que come também lhes suprirá e multiplicará a semente e fará crescer os frutos da sua justiça. Vocês serão enriquecidos de todas as formas, para que possam ser generosos em qualquer ocasião e, por nosso intermédio, a sua generosidade resulte em ação de graças a Deus". (2 Coríntios 9:10-11).

Em outras palavras, quando Deus nos dá uma colheita abundante, não é para que sejamos egoístas e guardemos só para nós mesmos, mas para que possamos semear ainda mais no reino do céu.

Os Cristãos muito ricos hoje são os canais que mantêm os ministérios, enviam missionários para terras estrangeiras e mantêm nossas igrejas florescendo a fim de assim alcançar os perdidos do Senhor. Estes não usam suas finanças para seus prazeres, mas descobriram que ao semear nas coisas de Deus eles têm a verdadeira alegria e contentamento.

Entretanto, também devemos nos lembrar de que pobreza e prosperidade são termos relativos. O que nós chamamos de "nível de pobreza" nos Estados Unidos pareceria riqueza para outros em muitos países.

Como Cristãos, devemos encontrar contentamento em toda e qualquer situação. O apóstolo Paulo nos lembra em Filipenses 4:12: "Sei o que é *passar necessidade* e sei o que é ter **fartura**. Aprendi o **segredo** de viver contente em toda e qualquer situação, seja bem alimentado, seja com fome, **tendo muito**, ou passando *necessidade*".

Na verdade, há horas em que o Senhor chama Seus santos ao sofrimento, ao martírio, ou à pobreza (como a viúva pobre que deu as duas moedas — tudo que ela possuía) para glorificar a Si mesmo. Quando Ele nos chama para a pobreza ou sofrimento, entretanto, Ele nos dá a graça de suportar com alegria e ações de graça — sem resmungos ou reclamações.

Embora não possamos compreender todas as razões de Deus ao permitir a pobreza, podemos confiar que Seus caminhos são mais altos do que os nossos caminhos. "No meio da mais severa tribulação, a grande alegria e a **extrema pobreza** deles transbordaram em **rica generosidade**. Pois dou testemunho de que eles deram tudo quanto podiam e até além do que podiam". (2 Coríntios 8:2-3). Às vezes aqueles que sofrem as maiores necessidades se tornam os mais generosos! E, para alguém que ama o dinheiro, a perda das riquezas pode ser uma das formas de Deus nos quebrar, nos atrair para perto Dele e nos ensinar a confiar somente nEle.

No entanto, em nosso país, pobreza e dívidas geralmente não atraem o interesse de família, amigos e vizinhos. Se temos sido abençoados com muito devemos testemunhar aos outros, não pregando a eles com autojustiça ou condenando o seu estilo de vida, mas permitindo que Eles "leiam" **Deus** em nossas vidas! "Vocês mesmos são a nossa carta, escrita em nosso coração, conhecida e lida por todos". (2 Coríntios 3:2). Devemos exibir os frutos de quem é nosso Pai. Devemos permanecer em paz em meio aos problemas, abençoar nossos inimigos, perdoar livremente e caminhar seja em qual for a prosperidade que o Senhor nos permitir. Nossa generosidade deve glorificá-Lo e deve ser a própria bondade que Deus usa para atrair outros para Si!

"... e sempre repitam: "O *Senhor* seja engrandecido! **Ele tem prazer no bem-estar do seu servo**"". (Salmos 35:27).

Princípio #2: Deus é possuidor de tudo.

Salmos 24:1 diz simplesmente, "Do Senhor é a terra e **tudo o que nela existe...**". Tudo que temos pertence ao Senhor.

"Teus, ó Senhor, são a grandeza, o poder, a glória, a majestade e o esplendor, pois **tudo** o que há nos céus e na terra é **teu**". (1 Crônicas 29:11).

"'Tanto a prata quanto o ouro **me pertencem**', declara o Senhor dos Exércitos". (Ageu 2:8)

Tudo que possuímos, seja muito ou pouco, está emprestado conosco — nós somos mordomos. De novo, é a forma como lidamos com o que nos é confiado (como explicado na parábola em Lucas 16) que irá determinar se Ele nos abençoará com mais ou se tirará até o que já temos.

Princípio #3: Deus provê tudo.

"Não digam, pois, em seu coração: 'A minha capacidade e a força das minhas mãos ajuntaram para mim toda esta riqueza'. Mas, lembrem-se do Senhor, o seu Deus, **pois é ele que** *dá a vocês a* *capacidade* de produzir *riqueza*, confirmando a aliança que jurou aos seus antepassados, conforme hoje se vê. Mas, se vocês se esquecerem do Senhor, o seu Deus, e seguirem outros deuses, prestando-lhes culto e curvando-se diante deles, asseguro-lhes hoje que vocês serão destruídos". (Deuteronômio 8:17-19).

"Mas quem sou eu, e quem é o meu povo para que pudéssemos contribuir tão generosamente como fizemos? **Tudo** vem de **ti**, e nós apenas te demos o que vem das **tuas** mãos. Diante de ti somos estrangeiros e forasteiros, como os nossos antepassados. Os nossos dias na terra são como uma sombra, sem esperança. Ó Senhor, nosso Deus, **toda essa riqueza** que ofertamos para construir um templo em honra ao teu santo nome **vem das *tuas* mãos**, e **toda ela pertence a *ti***". (1Crônicas 29:14-16).

"O **meu Deus** suprirá todas as necessidades de vocês, de acordo com as *suas* gloriosas *riquezas* em Cristo Jesus". (Filipenses 4:19)

Seja o seu ganho vindo do seu trabalho, ou tenha ele sido dado a você, quem é a Fonte de tudo que você tem? Deus.

Princípio #4: Deus quer as primícias do que Ele te dá.
Muitos cristãos doam às suas igrejas e outras instituições de caridade, mas não são abençoados porque não compreendem esse princípio tão importante. Deus deixa claro, ao longo de toda a Bíblia, que Ele deseja ser o **primeiro** em todas as áreas da sua vida.

Se você paga as suas contas, antes de devolver as primícias para Ele, Deus não é o primeiro em sua vida e você terá perdido a benção. Nós aprendemos no capítulo 5, "Seu Primeiro Amor", que Deus remove de nós o que colocamos acima Dele.

"Honre o Senhor com todos os seus recursos e com os **primeiros** frutos de todas as suas plantações; os seus celeiros ficarão plenamente cheios, e os seus barris transbordarão de vinho".

(Provérbios 3:9) O princípio é claro: nós **devemos dar a Deus em primeiro.**

Frequentemente, quando os Cristãos começam a considerar o dízimo, não conseguem ver como poderão dizimar já que mal estão tendo o suficiente para fazer face às despesas. Isso é porque também não têm conhecimento do que vem acontecendo com suas finanças. Em Ageu 1:9 diz que Deus "dissipa com um sopro" o que você traz para casa e também permite que o **devorador** venha e leve o que era Dele de direito.

"Tragam o dízimo todo ao depósito do templo, para que haja alimento em minha casa. Ponham-me à prova", diz o Senhor dos Exércitos, "e vejam se não vou abrir as janelas dos céus e derramar sobre vocês tantas bênçãos que nem terão onde guardá-las. E *por causa de* vós **repreenderei** o **devorador**, e ele **não destruirá** os frutos da vossa terra; e a vossa vide no campo não será estéril, diz o SENHOR dos Exércitos". (Malaquias 3:10-11)

Todos os meses, Cristãos que não entregam o dízimo encontram despesas "inesperadas" como consertos ou outras necessidades com as quais eles não contavam. Mas é somente porque não conhecem esse princípio. Porque se Deus for o **primeiro** em sua vida — primeiro em seu coração, primeiro no seu dia e primeiro em suas finanças — então (e somente então) Ele irá "abrir as janelas dos céus e derramar sobre vocês tantas bênçãos que nem terão onde guardá-las" e fielmente "por causa de vós repreenderá o devorador".

Aqueles que se humilham dando a Deus seus dízimos e ofertas se deleitarão em **abundante** prosperidade! "Mas os *humildes* receberão a terra por herança e desfrutarão **pleno *bem-estar***". (Salmos 37:11). A Palavra Dele diz, "O infortúnio persegue o pecador, mas a prosperidade é a **recompensa** do *justo*". (Provérbios 13:21).

Princípio #5: O que você faz com as primícias determina o que Deus fará com o resto.

Quando Deus pediu a Abraão o seu filho, ele não o negou; como resultado, Deus disse-lhe "Agora sei que você teme a Deus, porque não me negou seu filho, o seu único filho... por ter feito o que fez, não me negando seu filho, o seu único filho, **esteja certo de que o abençoarei...**" (Gênesis 22: 12,17).

Deus disse ao exército que tomou Jericó que eles não deveriam tomar o espólio da primeira cidade e assim Ele lhes daria o resto. Deus sempre quer ver se nós O colocaremos em primeiro para provar nossos corações. "O crisol é para a prata e o forno é para o ouro, mas o Senhor prova o coração". (Provérbios 17:3). No entanto, um dos soldados, Akin, não resistiu e tomou parte do espólio. Quando chegou a hora de tomarem a próxima cidade, Ai, em uma batalha que era muito menor e deveria ter sido facilmente vencida, eles foram derrotados. (Leia Josué 6)

Esse princípio não é só para suas finanças ou sua restauração, mas para todas as áreas da sua vida. Quando falhamos em colocar Deus em primeiro, estamos roubando Dele aquilo que Ele nos pediu que entregássemos. Ele não quer outros deuses diante Dele: nosso dinheiro, nossos cônjuges, nossos casamentos, nossas carreiras. O que você fará com as primícias de tudo determinará o que Deus fará com o resto — se irá abençoar ou amaldiçoar.

Você está em uma crise financeira?

"Busquem, pois, em primeiro lugar o Reino de Deus e a sua justiça, e todas essas coisas serão acrescentadas a vocês". (Mateus 6:33).

Você buscou ao Senhor para as suas finanças? Em Filipenses 4:19, a Bíblia ensina claramente que o Senhor é Aquele que irá suprir **todas** as nossas necessidades. Entretanto, se nós levarmos nossas necessidades aos outros ao invés de buscar ao Senhor — se falharmos em buscá-Lo **primeiro** — então "todas essas coisas" *não* nos serão acrescentadas.

Você está seguindo os princípios do Senhor para segurança financeira? As Escrituras nos ensinam que temos que dar o dízimo para sermos "plenamente cheios" e "transbordarmos". (Provérbios 3:9-10). Somos também encorajados a "semear" se queremos colher. (Gálatas 6:7. 2 Coríntios 9:6). Você tem semeado e sido fiel no dízimo? Separe um tempo para ler e reler essas passagens das Escrituras e então ore para saber como o Senhor deseja mudar a forma como você tem confiado nEle enquanto cumpre Seu mandamento que é dado a todos os crentes, começando por dar uma parte de volta a Ele.

Se você é fiel no dízimo e ainda assim está em uma crise financeira, certifique-se de estar seguindo todas as leis de Deus. Há muitas referências nas Escrituras sobre ações que levam à pobreza, incluindo não pedir (Tiago 4:2), pedir pelos motivos errados (Tiago 4:3), adultério (Provérbios 6:26), abuso da bebida e glutonaria (Provérbios 21:17, Provérbios 23:21), preguiça (Provérbios 10:4, Provérbios 14:23, Provérbios 28: 18-20), não aceitar repreensão ou correção (Provérbios 13:18), tomar decisões precipitadamente (Provérbios 21:5), oprimir os pobres (Provérbios 22:16) ou falhar em honrar sua esposa (1 Pedro 3:7) e, claro, reter o que pertence, de direito, a Deus.

Enquanto estamos devolvendo a Deus, em dízimos e ofertas, também precisamos garantir que estamos dando às nossas esposas a honra que elas merecem. "Do mesmo modo vocês, maridos, sejam sábios no convívio com suas mulheres e *tratem-nas com honra,* como parte mais frágil e coerdeiras do dom da graça da vida, de forma que não sejam interrompidas as suas orações". (1 Pedro 3:7). Sua esposa tem procurado viver dentro das suas condições, mas você é irresponsável com seus gastos? Você envergonhou sua esposa diante de outras pessoas ou fez piadas sobre como ela gasta? Assegure-se de que seu coração é puro e fiel à sua esposa de todas as formas.

Quando Erin estava passando por uma ruína financeira, como mãe solteira de quatro crianças pequenas, ela aprendeu o princípio do dízimo. Ainda que estando perto da linha da pobreza, ela começou a doar o dízimo pela primeira vez em sua vida (tendo sido criada como Católica ela nunca tinha nem ouvido falar desse princípio). Ela não só começou a semear ao dar o dízimo de dez por cento da magra quantia que recebia, mas também começou a semear na vida de mulheres que estavam experimentando a tragédia na vida delas (falando com elas sobre a capacidade de Deus de restaurar seus casamentos).

O coração obediente de Erin, que aprendeu a dar o dízimo ao Senhor, estabeleceu um padrão em nosso lar enquanto eu estava fora. Deus a honrou me guiando a também dar o dízimo logo depois que voltei para casa sem ela nem ter que me dizer nada sobre isso!

Homens, se você ainda está lutando com esse princípio, pode ser que te ajude saber que Deus é o dono de tudo que possuímos, e é só por causa Dele que nos foi dado a "capacidade de produzir riquezas, confirmando a aliança" conosco. (Deuteronômio 8:18). Portanto você precisa ter certeza de que dá a Ele **primeiro** para confirmar que Ele é o **primeiro** em sua vida!

Você servirá a Deus ou a mamom (dinheiro)?

Muitos se desviam de ensinar sobre doar por causa dos abusos e porque não querem que pareça que estão só "atrás de dinheiro", mas isso não elimina a verdade da mensagem. Busque você mesmo pela verdade. Teste-O para ver se Ele é fiel à Sua promessa. Dê primeiro a Deus, entregue o dízimo na sua casa do tesouro (o lugar onde você é espiritualmente alimentado), e veja se sua vida muda e você é abençoado em todas as áreas de sua vida.

Deus é quem provê para nosso ministério e nossa família. Nós semeamos na vida daqueles que estão com o coração partido e aguamos com suporte contínuo através da nossa irmandade, mas é Deus quem traz o crescimento. Não buscamos ajuda em ninguém para suprir nossas necessidades, mas somente em Deus.

Falhar em ensinar propriamente um princípio tão importante seria negligenciar o alimentar as ovelhas e o pastorear aqueles que estão vindo até nós em busca de ajuda, apoio e direção.

Jesus disse para alimentarmos Suas ovelhas, e Deus disse em Oséias que Seu povo perece por falta de conhecimento (Oséias 4:6). Muitos que vêm até nós, ou são novos Cristãos ou têm frequentado uma igreja onde esse princípio, e outros princípios de restauração, não são ensinados. Nosso trabalho é fazer discípulos para o Senhor, dar a eles as ferramentas que eles precisam para transformar suas vidas.

Para aqueles de vocês que nunca deram o seu dízimo a Deus, que Ele possa provar-lhes que você pode fazer mais com 90% da sua renda do que com os 100% que você costumava controlar. Vai ser preciso um passo de fé, mas, exatamente como você escolheu restaurar seu casamento ao invés de seguir em frente, sua vida nunca mais será a mesma.

Para aqueles de vocês que doam (mas Deus não é o primeiro), que você possa reorganizar suas prioridades em cada área de sua vida para mostrar que Deus tem o primeiro lugar.

Deus é um Deus que anseia por ser gracioso conosco; Ele anseia para nos abençoar! "... e sempre repitam: "O Senhor seja engrandecido! **Ele tem prazer no bem-estar do seu servo**"". (Salmos 35:27)

Deixe-me concluir com essa maravilhosa **promessa**: "Aqueles que **semeiam** com lágrimas, com cantos de alegria **colherão**". (Salmos 126:5) **Aleluia!!**

Compromisso pessoal: de doar. "Baseado no que aprendi na Escritura, comprometo-me a confiar e abençoar ao Senhor com minhas finanças. Eu buscarei a Ele no que diz respeito a como e onde dar o dízimo. Eu semearei na restauração de casamentos compartilhando boas notícias sobre restauração com aqueles que Deus trouxer à minha vida e doando financeiramente enquanto Deus guia e fielmente provê para mim".

Data: _____ Assinado: _____

Sobre a Autora

Erin Thiele tem sido abençoada por ser mãe de quatro garotos (Dallas, Axel, Easton e Cooper) e três garotas (Tyler, Tara e Macy). Sua jornada de restauração começou em 1989 quando seu marido a deixou por outra mulher e até se divorciou dela!

Em seu desespero como mãe solteira de quatro crianças pequenas, Erin buscou ajuda. Todos os "experts" e vários pastores de muitas denominações disseram a mesma coisa e tentaram o seu melhor para convencê-la de que seu casamento era sem esperança — mas então, a vida dela mudou para sempre.

Erin encontrou o Poderoso Conselheiro e muitas PROMESSAS dEle em Sua Palavra. Enquanto lia a Bíblia de seu marido (que ele tinha deixado para trás) ela se deparou com UM versículo que mudou sua vida e deu início ao seu ministério de ajuda a outras mulheres:

"Pois nada é impossível para Deus". Lucas 1:37

Para Erin isso significava que nada, NEM UMA COISA, era impossível COM Deus. Se um homem que não a queria e dizia nunca a ter amado, *não* pudesse voltar, então ela acreditava que Deus teria dito isso!

Assim começou o intenso estudo de Erin da Palavra de Deus, a Bíblia, onde ela encontrou MAIS de centenas de Suas promessas. Cada promessa aumentava sua fé no Senhor para restaurar seu casamento. E foi então que ela disse a Deus, "Se o Senhor fizer isso por mim [restaurar meu casamento] eu vou passar o resto da minha vida dizendo ao mundo que nada, NEM UMA COISA, é impossível com o Senhor".

A jornada de dois anos de Erin a levou a passar pelo "vale da sombra da morte". Após o desaparecimento de seu marido, e a descoberta de que sua casa tinha sido esvaziada enquanto visitava seus pais na Flórida, seu marido reapareceu de repente depois de passados três meses.

As provações de Erin então aumentaram porque ele veio viver com sua namorada, perto deles, para passar mais tempo com os filhos. Todas as noites, o marido de Erin a deixava de novo e de novo, para voltar ao seu apartamento e dormir com a outra mulher.

Ainda assim, através de tudo isso — ser deixada sozinha como mãe solteira de quatro crianças pequenas, sem apoio financeiro, e com todo mundo dizendo que ela era louca de acreditar que Deus restauraria seu casamento — ela continuou a acreditar.

Então, exatamente como ela disse, todos os outros estavam errados e Ele estava certo — nada era impossível com Ele! Dois anos após seu marido ir embora ele voltou e o casamento deles foi restaurado!!

O desejo de Erin de confiar em Deus e passar *pelo* vale da sombra da morte com Ele resultou em Deus abençoando-a além de qualquer coisa que pudesse se imaginar. Essa jornada levou Erin a se tornar uma autora, uma ministra, e o que é mais maravilhoso, ela foi abençoada com mais três bebês da restauração (como seu marido os chama), seus três filhos mais novos.

Erin tem escrito muitos outros livros com seu estilo característico de usar as Escrituras para ministrar aos de coração partido e cativos espirituais. Através dos livros e do ministério ela tem ajudado um número incontável de mulheres (e mesmo homens através do website próprio deles) a restaurar seus casamentos — exatamente como Deus restaurou o dela — "Ele enviou a **Sua Palavra** e os curou, e os livrou da morte". (Salmos 107:20)

Nosso ministério tem muitos materiais para mulheres (e homens) para te ajudar, não importa qual seja a crise em que se encontre. Para ver todos os livros de Erin, por favor visite:

EncouragingMen.net

AjudaMatrimonial.com

Confira o que também está disponível

em EncouragingBookstore.com e PoloBooks.com.br

Escaneie o código abaixo para ver os livros disponíveis para homens.

Visite nossos sites, onde você também encontrará esses livros como cursos GRATUITOS para homens e mulheres.

Quer saber mais sobre a Comunhão de Restauração?

Restore Ministries International

POB 830

Ozark, MO 65721 USA

Para mais ajuda por favor visite um de nossos Websites:

EncouragingMen.org

HopeAtLast.com

RestoreMinistries.net

www.ingramcontent.com/pod-product-compliance
Lightning Source LLC
LaVergne TN
LVHW051049080426
835508LV00019B/1787